Jens Lüdicke

Backpacker unterwegs: Mein Reise-Sabbatical. Asien, Indien und der Nahe Osten

Vietnam, Kambodscha, China, Nepal, Indien und Jordanien

Bibliografische Information der Deutschen Nationalbibliothek:

Die Deutsche Nationalbibliothek verzeichnet diese Publikation in der Deutschen Natio-
nalbibliografie; detaillierte bibliografische Daten sind im Internet über http://dnb.d-nb.de
abrufbar.

Impressum:

Lektorat: Christine Sukal, Elena Zharikova

Copyright © 2015 GRIN & Travel

Ein Imprint der GRIN Verlag GmbH

grin.com

Die Idee, auf Weltreise zu gehen

„Wie kommst du bloß auf die Idee, eine Weltreise zu machen?" Das war die häufigste Frage, die mir vor meiner Abreise gestellt wurde und um sie zu beantworten, muss ich etwas weiter ausholen als: „Ich bin heute Morgen aufgewacht und dachte, das sei eine coole Idee!"

Bis 2004 war ich schlichtweg ein Reisemuffel. Ich hatte kein Interesse am Reisen, da ich andere Pläne hatte, zum Beispiel eine Familie zu gründen. Aber in jenem Jahr wanderte mein bester Freund mit seiner damaligen Freundin nach Südafrika aus. Da ich ihn seit dem Kindergarten kannte und er wie ein Bruder für mich ist, wollte ich den Kontakt nicht abreißen lassen. So beschlossen ein Freund und ich, ihn in Johannesburg zu besuchen und fuhren im Anschluss mit einem Mietwagen drei Wochen durch das Land.

Während dieser Zeit machte ich meine ersten Erfahrungen mit Hostels und Backpackern. Diese Art des freien, unbeschwerten Reisens, der Kommunikation, einfach die Lockerheit der Backpacker, zog mich magisch an. In den folgenden Jahren flog ich immer, wenn mein Budget und meine Urlaubstage es erlaubten, zurück nach Südafrika und bereiste auch einige andere afrikanische Länder wie Mosambik, Zimbabwe, Swasiland, Namibia, Botswana, Sambia, Malawi und Tansania. Zuerst nur mit dem Koffer, dann folgten zwei geführte Overland-Touren, bis ich schließlich meinen ersten Versuch als Backpacker wagte.

Während all dieser Reisen traf ich immer wieder Backpacker, die deutlich länger als ich unterwegs waren. Die einen drei, die anderen sechs oder sogar zwölf Monate. Jedes Mal dachte ich: „Super, das möchte ich auch gerne machen – aber wie nur?" Schließlich war ich zu diesem Zeitpunkt schon 35 Jahre alt, bei der Stadt Frankfurt als Beamter beschäftigt und hatte nur 30 Tage Urlaub im Jahr! Ein ehemaliger Kollege brachte mich auf die Idee, dass ich doch ein Sabbatjahr beantragen könnte und das war dann auch der Weg zur Erfüllung meines Traums: Ein Jahr um die Welt! Jedoch fingen mit dieser Lösung die Probleme erst richtig an.

Was ist ein Sabbatjahr?

Kurz und knapp: Ein Sabbatjahr – oder auch neudeutsch Sabbatical – ist eine Art Teilzeitarbeit oder Auszeit vom Job. In meinem Fall wählte ich folgende Variante: Ich erhielt für vier Jahre 75 Prozent meines Gehaltes und arbeitete davon drei Jahre

Vollzeit. In den ersten drei Jahren sparte ich jeweils 25 Prozent an, die mir dann während meiner Freistellungsphase (Sabbatjahr) ausbezahlt wurden.

Das erste Gespräch mit meinem Abteilungsleiter verlief allerdings nicht besonders gut. Ich hatte das Gefühl, dass er mein Anliegen nicht ernst nahm und auch nicht verstehen konnte, warum ich das Sabbatjahr beantragte. Es erstaunte mich daher nicht sonderlich, dass er meinen ersten Antrag ablehnte. Im hessischen Beamtengesetz ist zwar ein Sabbatjahr vorgesehen, jedoch kann es aus „dienstlichen Gründen" abgelehnt werden. Ein Jahr später beantragte ich es erneut und es sollte wiederum aus „dienstlichen Gründen" abgelehnt werden. Mittlerweile hatte ich jedoch etwas mehr Informationen gesammelt und zum Glück den Abteilungsleiter der Personalstelle auf meiner Seite, somit wurde es letztendlich doch noch genehmigt. Leider beschlich mich danach das Gefühl, dass ich mich durch meinen Antrag in der Personalstelle unbeliebt gemacht hatte.

Ich merkte also ein Jahr zu spät, dass ein Staatsdiener immer ersetzbar ist und daher aus „dienstlichen Gründen" so gut wie kein Antrag abgelehnt werden kann. Außerdem spart sich die Stadt als Dienstherr ja auch das Gehalt, also wenn das mal keine Win-Win-Situation ist!

Die Entscheidung

Jeder, der sich mit dem Thema Langzeitreisen auseinandersetzt, muss irgendwann die Entscheidung treffen, ob er seine Pläne auch wirklich in die Tat umsetzen will. Das ist im ersten Moment gar nicht so einfach, aber wer zumindest auf Zeit aus dem Hamsterrad des Arbeitsalltags heraus möchte, trägt die Entscheidung meist schon seit Jahren in sich. Er muss sich nur noch der gesellschaftlichen Zwänge entledigen; Materielles und die Vorstellungen anderer dürfen dabei keine Rolle mehr spielen, sonst klappt das nicht.

Ich habe von der Idee bis zu meiner Entscheidung etwa eineinhalb Monate gebraucht. Im Nachhinein betrachtet hatte ich diese Entscheidung aber schon vor Jahren in Afrika gefällt. Viele meiner Weltreisefreunde, die ich im Laufe der letzten Jahre kennengelernt hatte, haben ihren Job für ihren Traum gekündigt. Sie haben ihr Erspartes verbraten und kamen nach ihrer Reise mit der Sorge nach Hause, keinen neuen Job zu finden. Dieses Problem hatte ich nicht, aber dafür laufende Verbindlichkeiten, da ich später mal ein Eigenheim mein Eigen nennen wollte. So musste ich einen Finanzplan aufstellen, um herauszufinden, wie ich Reise und Haus langfristig finanzieren konnte. Für die Umsetzung hatte ich ja drei Jahre Zeit. Mein Erspartes wurde mit härteren Sparmaßnahmen weiter aufgestockt, um bei der Abreise genug Geld in meinen Taschen zu haben.

Die Planung

Mit der Planung könnte ich ein eigenes Buch füllen, aber zu diesem Thema gibt es bereits genug Literatur; auch das Internet hilft in der Regel bei der Reiseplanung weiter. Viele Reisende sind der Meinung, dass eine Langzeitreise mindestens ein Jahr vorbereitet werden muss. Das trifft vielleicht zu, falls jemand überhaupt keine Reiseerfahrung hat, alle anderen lernen von Reise zu Reise. Die Planung ist meiner Meinung nach kein Hexenwerk. Steht erst mal die Finanzierung, gilt es noch folgende sieben Punkte und Fragen zu berücksichtigen:

1. Reise ich alleine oder mit einem Partner?

2. Richtet eure Reiseroute nach der Wetterlage aus. Im Winter nach China oder zur Monsunzeit nach Südostasien zu reisen wäre unsinnig.

3. Wie überwinde ich die Ozeane? Mit einem Round-The-World-Ticket (RTW) oder mit Einzeltickets?

4. Wie sieht meine Packliste aus und wie groß muss und darf der Rucksack sein?

5. Brauche ich eine Auslandskrankenversicherung?

6. Benötige ich darüber hinaus noch eine Heimatbasis?

7. Wie versorge ich mich unterwegs mit Geld?

Zu 1.: 2004 traf ich in Südafrika den ersten deutschen Langzeitreisenden, der mit der Zeit ein guter Freund wurde. Er reiste alleine und erklärte mir, dass Freiheit und Unabhängigkeit eine Weltreise ausmachen würden. Heute kann ich seine Worte nur unterstreichen, denn alleine ist der Reisende fast nie, aber er ist frei und kann seine Entscheidungen von Minute zu Minute treffen. Zu zweit sollten nur Paare reisen. Kommen sie zusammen zurück, hält die Beziehung bestimmt ein Leben lang.

Meine Reise plante ich für mich alleine. Doch dann fragte mich eine junge Frau über ein Forum, ob sie mit mir reisen dürfe. Sie sei noch nie außerhalb Europas gewesen und würde sich so sicherer fühlen. Ich erklärte ihr – sie hieß Katja –, dass sie spätestens nach zwei Wochen den Dreh raus haben würde und alleine reisen könne. Und so kam es dann auch.

Zu 2.: Nachdem ich mir überlegt hatte, welche Länder ich bereisen wollte, stellte ich meine Route zusammen. Allerdings hatte ich einen Denkfehler gemacht, denn ich plante, Ende Dezember nach Osten zu starten, so wäre ich die meiste Zeit bei schlechtem Wetter gereist. Nach einem Tipp von Weltreise-Info stellte ich die Route so um, dass ich im Westen starten und so immer mit gutem Wetter reisen würde.

Zu 3.: Mit der Planung der Route stellte sich auch die Frage nach den richtigen Flugtickets. Einzeltickets haben einen großen Vorteil: Man ist mit ihnen flexibler, aber dafür kann es auch teurer sein als ein Round-The-World-Ticket. Also entschied ich mich für die zweite Variante. Unterwegs kaufte ich mir ab und zu noch ein Einzelticket dazu, falls es nötig war.

Zu 4.: Jetzt kommt die schlimmste aller Fragen: Wie groß darf der Rucksack sein? Ich nehme es vorweg, ich startete mit einem 35 + 5 Liter Rucksack plus einem Daypack. Mit dieser Größe kommt nicht jeder zurecht, aber vor Jahren merkte ich, dass ein 65 + 10 Liter Rucksack in einem völlig überfüllten Minitaxi in Südafrika keine gute Idee ist. Mit der Zeit lernte ich auch, was auf einer Reise wirklich wichtig ist, so dass ich zum Gepäck-Minimalisten wurde. Mein Rat: Nimm so wenig wie möglich mit, aber dennoch alles, was für dich wichtig ist!

Zu 5.: Bei der Wahl der Auslandskrankenversicherung ist neben dem Preis entscheidend, dass ein medizinisch sinnvoller Rücktransport angeboten wird.

Zu 6.: Die Heimatbasis sind vertrauenswürdige Menschen, die mit einer Vollmacht ausgestattet werden, mit der sie einen im Fall der Fälle vertreten, Gelder überweisen oder im schlimmsten Fall Entscheidungen für einen treffen können. Bei mir waren es meine Eltern.

Zu 7.: Das Geld kommt weltweit aus dem Automaten wie zu Hause der Strom aus der Steckdose. Beim Strom achten wir auf den Preis und so ist es auch bei der Wahl der Kreditkarte. Es gibt Banken, die Kreditkarten ausgeben, mit denen man weltweit keine Gebühren an Automaten zahlen muss. Als Backup-Karten sollten aber noch eine EC-Karte und eine Kreditkarte einer anderen Bank dabei sein, falls ein Automat die Hauptreisekreditkarte nicht akzeptiert. Mit diesen drei Karten gibt es weltweit immer Bares.

Jetzt könnt ihr euch noch über solche Sachen wie Kamera (DSLR oder Kompakt), Netbook und andere Gimmicks Gedanken machen. Hier zählt wieder mein Tipp: Haltet das Gepäck so klein und leicht wie möglich! Ich hatte ein MacBook Air und eine Kompakt-Digicam dabei.

Als Herzkranker auf Weltreise?

Die meisten Menschen machen sich um ihre Gesundheit kaum Gedanken und die erst, wenn es (fast) zu spät ist. Bei mir ist das anders: Im zarten Alter von einem Tag stellten die Ärzte bei mir eine Herzerkrankung fest. Den Schock für meine Eltern kann ich nur erahnen, aber an der Tatsache konnte leider niemand mehr etwas ändern.

Es ist nun auch nicht unbedingt typisch, dass ein behinderter Mensch wie ich auf eine Weltreise geht – aber warum denn eigentlich nicht? Ich habe in meinem Leben schon Menschen gesehen, denen es schlimmer geht als mir.

Ich möchte zu Beginn des Buches gerne erklären, wie meine Erkrankung aussieht: Im November 1971 wurde ein Loch in der Herzscheidewand (Septumdefekt), eine Verengung des Muskels unterhalb der Klappe (Muskelverdickung der rechten Herzkammer) und eine Verengung der Klappe der Lungenschlagader (Pulmonalstenose valvulär) erkannt. Die nennt der Kardiologe dann Fallot'sche Tetralogie. Durch die Verengung der Klappe der Lungenschlagader wird der Blutstrom behindert und das frische Blut nicht vollständig in den Kreislauf gepumpt, so dass die Belastung für das Herz höher wird.

Schon in meiner Kindheit war dadurch alles etwas anders als bei meinen Freunden. Es hieß immer „Nur keine Belastung!" oder „Nur nicht anstrengen!". Vom Schulsport wurde ich befreit, sollte nicht höher als 800 Meter über den Meeresspiegel klettern und am besten gar nichts mehr machen.

Mit neun Jahren wurde ich dann am offenen Herzen operiert, denn mit einer Korrektur am Herzen kann ein Jugendlicher oder Erwachsener ein weitgehend normales Leben in den ersten drei bis vier Jahrzehnten führen.

Das Loch konnte bei der Operation geschlossen werden, die Verengung der Klappe der Lungenschlagader aber blieb bestehen. Daher muss das Herz auch heute noch etwas mehr arbeiten als gewöhnlich. Leider hatte ich nach meiner OP auch noch Pech und bekam eine schlimme Entzündung von Herzinnenhaut und Herzmuskel (Endocarditis lenta). Das war direkt nach der Operation sehr kritisch und wiederholte sich im Laufe meines Lebens noch mehrfach.

Aber ich lernte mit dieser Beeinträchtigung zu leben – es blieb mir ja auch nichts anderes übrig. Meine Freunde und meine Familie unterstützten mich damals, das war enorm wichtig für mich. Ich lernte Schwimmen, Fahrradfahren, spielte Handball im Verein und erlebte mit meiner mir zur Verfügung stehenden Kondition ein sehr normales Kinderleben.

Mein persönliches Fazit: Es ist besser, ein Leben zu haben und es zu genießen, als nur aus dem Fenster zu gucken und davon zu träumen!

Hanoi – Und der Plan ist, kein Plan zu haben

Vor 72 Stunden saß ich noch im Hotel Lebua über den Dächern von Bangkok und da kam mir der Gedanke: „Was soll ich nur vier Wochen lang in Vietnam machen? Ein ganzer Monat! Mir reichen vielleicht auch zwei oder drei Wochen."

Abends kam ich in Hanoi bei Mike an, meinem Couchsurfer für diese Nacht, und legte mich erst einmal schlafen. Am nächsten Tag kaufte ich eine Bahnkarte nach Sa Pá im Norden von Vietnam und erlebte die erste böse Überraschung. Statt eines schönen Betts im Nachtzug bekam ich nur noch einen Platz auf einer Holzbank in der dritten Klasse. Für einen Preis von umgerechnet circa sechs Euro auch nicht teuer.

Von Hanoi hatte ich bis dahin noch nichts gesehen. Ich lief durch das Old Quarter und gönnte mir ein Bierchen an der Bier-Ecke. Diese kleinen Lokale liegen in der Altstadt von Hanoi. Hier gibt es das lokale Bier „Bia Hoi". Die Vietnamesen stehen dort oder sitzen auf der Straße auf kleinen Plastikstühlen. Ein Bier kostet circa 1 U\$-Dollar und ist somit sehr günstig. Ab und an kommt die Polizei vorbei und möchte die Stühle konfiszieren. Dann stehen die Vietnamesen schnell auf und nehmen die Stühle in die Hand, bis die Polizei wieder gegangen ist. Dies ist ein lustiges Schauspiel, das man einmal erlebt haben sollte.

Für den nächsten Tag besorgte ich mir noch eine Karte für das Wasserpuppentheater und machte mich langsam auf den Heimweg. Übrigens war es sauheiß mit einer hohen Luftfeuchtigkeit. Das hatte ich auf meiner Reise bis dahin so noch nicht erlebt!

Am Abend ging ich zum Couchsurfer-Meeting und ab diesem Zeitpunkt haben sich alle meine Reisepläne total geändert! Eine Französin – Albane – fragte mich, ob ich nicht Lust hätte, mit ihr zusammen durch den Norden von Vietnam mit dem Motorrad nach Sa Pá und zur Ha Long Bay zu fahren. Ich dachte: „Warum nicht? Ist mal was anderes. Und die Natur dort soll wunderschön sein." So verabredeten wir uns für den nächsten Nachmittag, um zum einzigen Motorradverleih in Hanoi zu gehen.

In Vietnam ist es allerdings so, dass internationale Führerscheine nicht anerkannt werden. Jedoch werden Touristen im Norden (und wohl auch im Süden) nicht kontrolliert, da die Polizisten kein Englisch sprechen. Somit war es auch unwichtig, dass ich gar keinen Motorradführerschein habe!

Nach dem Meeting saß ich dann das erste Mal auf einem Motorrad mit Schaltung und suchte den Weg zum Wasserpuppentheater. Der Tank war leer, es war bereits dunkel und die Maschine blieb einfach stehen. Ein netter Vietnamese, der kein Englisch sprach, fragte mich, ob er helfen kann. Nach einer kurzen Erklärung kam er mit einem guten Liter Benzin zurück. Ich bezahlte ihn und weiter ging's. Als ich beim Wasserpuppentheater ankam, war die Vorstellung gerade zu Ende. Pech gehabt! Übrigens, der Verkehr war der Wahnsinn. In Indonesien war es nicht halb so chaotisch, aber ich fand dennoch heim.

Bevor ich mich mit Albane traf, hatte ich noch eine Verabredung mit einer netten Couchsurferin namens Hương aus Hanoi zum Mittagessen und auf einem Kaffee. Es ist immer etwas anderes, wenn ich das Vergnügen haben darf, mit Einheimischen unterwegs zu sein. Hương nahm mich mit in kleine Straßenlokale und erklärte mir, dass eine Suppe nicht gleich eine Suppe ist. Das kulinarische Highlight war aber für mich Bún chả (gegrilltes Schweinefleisch mit Reisnudeln), das nicht nur für mich die leckerste Suppe von allen ist. Nebenbei erzählte mir Hương noch, dass es alleine in Hanoi noch über 200 verschiedene Nudelarten gäbe – verrückt! Nach dem leckeren Essen gingen wir zu dem kleinen künstlichen See „Hồ Thiền Quang" in der Nähe des Hauptbahnhofes, um dort unseren Kaffee zu trinken.

Der vietnamesische Kaffee mit der süßen Kondensmilch ist einfach lecker – und stark. Um den See herum saßen vietnamesische Männer, tranken Kaffee und rauchten wie die Weltmeister. Sie unterhielten sich, aber dabei schien die Unterhaltung nicht nur den Männern wichtig zu sein. Sie alle brachten ihre Singvögel mit und hängten die Käfige auf eine Art Wäscheleine. Sollte einer der Vögel nicht mehr singen, also sich mit seinen Nachbarvogel unterhalten, wird er liebevoll umgehängt. So zwitscherten die Vögel und die Männer im Schatten um die Wette und ich genoss die ausstrahlende Ruhe.

Das Zwitschern am See Hồ Thiền Quang in Hanoi

Hương fragte mich, ob ich zusammen mit ihr und vielleicht ein paar Freunden in zwei Wochen in den Süden von Vietnam fahren möchte. Na klar will ich! Und so verabredeten wir uns für den Freitag in zwei Wochen. Ich gab ihr noch Geld, damit sie mir ein Busticket kaufen konnte.

Am nächsten Tag sollte es dann losgehen und ich hoffte, dass ich nach meiner Rückkehr noch ein wenig Zeit habe würde, um Hanoi zu besichtigen.

Es ist schön, ohne Pläne zu reisen. Es kam, wie es kommen sollte und innerhalb von 48 Stunden hatte sich mein Reiseplan total geändert. Schon waren vier Wochen viel zu kurz!

Road Trip North Vietnam – Ein paar Informationen vorab

Als ich Albane in Hanoi kennenlernte, schwirrte ihr schon eine ungefähre Reiseroute im Kopf herum. Sie hatte bereits Informationen zu ein paar Sehenswürdigkeiten eingeholt und war schon gut vorbereitet. Ich hatte überhaupt keine Ahnung, was mich in Nordvietnam erwarten würde, denn außer dem Ort Sa Pá kannte ich nichts. Albane hatte noch kurz vor der Abfahrt einen guten Vietnamatlas gekauft, der auch kleinere Straßen abseits der Hauptrouten beinhaltete.

Es ist schwer, die genaue Route zu beschreiben, da die Wege und Straßen dort keine Straßennamen haben und wir auch eher nur auf Nebenstraßen unterwegs waren. Mittlerweile lebt Albane in Vietnam und damit ich unsere Route für dieses Buch kurz beschreiben kann, haben wir zwei via Skype die Strecke nochmals besprochen und sind dabei zu dem folgenden Ergebnis gekommen. Die Route sah ungefähr so aus:

Hanoi Railway Station => Hòa Bình => Mai Chau => Mộc Châu => Sa Pa => Lào Cai => Hà Giang => Ba Be National Park => Cao Bằng => Halong Bay => Hanoi Railway Station

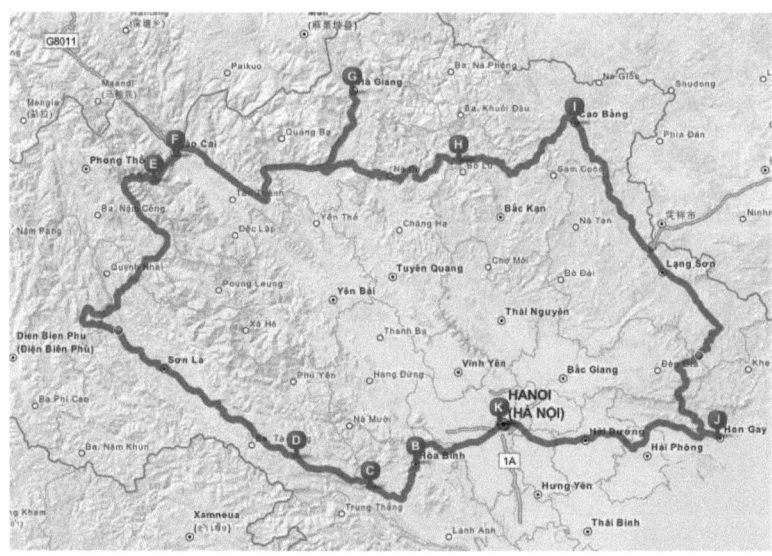

Roadtrip durch Nordvietnam
(© 2015 MapQuest „Map data © OpenStreetMap and contributors, ODdL")

Los geht's in Hanoi – Die Flucht vor dem Wirbelsturm Kai-Tak

Am Hauptbahnhof von Hanoi ging es los, da dies ein perfekter Treffpunkt war. Das Wetter sollte sich ändern. Der Taifun Kai-Tak sollte heute auf Hanoi treffen. Wir wollten dem Wirbelsturm zuvorkommen und machten uns Richtung Westen auf.

Die ersten Kilometer raus aus Hanoi mussten wir uns noch mit vielen LKWs und Autos teilen, aber die Straßen waren recht gut ausgebaut. Vom Taifun bemerkten wir glücklicher Weise noch nicht viel, scheinbar war er etwas langsamer als vorhergesagt.

Albane wollte keine Hauptstraßen fahren, da sie erstens den Verkehr umgehen und zweitens mehr von Land und Leuten sehen wollte. So reise auch ich am liebsten. Der Nachteil dabei ist jedoch, dass die Straßen keine richtigen Straßen mehr sind, sondern eher Schlaglochpisten und nur mit ein wenig Glück auch asphaltiert. Am späten Nachmittag holte uns der Regen dann doch noch ein.

Eine Leidenschaft zum Motorradfahren hatte ich eigentlich noch nie. Mit 16 hatte ich als Sozius einen Unfall und seitdem hege ich keine große Begeisterung für diese Art der Fortbewegung. Auch würde ich mich eher als Schönwetterfahrer bezeichnen und nun – Regen! Die Straße wurde rutschig, ich hatte kein Vertrauen in meine alte Maschine und der Abend brach herein. Albane merkte auch, dass wir an diesen Abend nicht mehr weit kommen würden.

Ab ins Reisfeld

In Vietnam gibt es auf dem Land ab 19 Uhr nicht mehr viel zu essen, so steuerten wir eine Garküche an und stärkten uns erst mal mit einer leckeren Suppe. Der Regen ließ langsam nach und wir wollten uns in das nächste Guesthouse (auf Vietnamesisch = nhà trọ) einquartieren.

Von der Straße bog plötzlich ein Feldweg ab und Albane meinte, dass dort eine Unterkunft wäre, zumindest das Schild „nhà trọ" war ersichtlich. Wir bogen ab und ich konnte mir aussuchen, ob ich links oder rechts in der tiefen Furche des ausgefahrenen Feldweges fahren wollte. Die Furche bestand nur noch aus Wasser und Schlamm. Links und rechts neben dem Feldweg begannen die Reisfelder, die circa einen Meter tiefer lagen.

Plötzlich ging alles recht schnell. Kupplung drücken, statt Gas nachzulassen wohl eher Gas gegeben, vor Schreck die Kupplung etwas kommen lassen, der

Lenker war nicht mehr zu kontrollieren und das Hinterrad trieb mich durch den Schlamm bis der Motor vom Reisfeld ersoffen wurde. „Scheiße, keinen ganzen Tag gefahren und schon ist die Motorradtour am Ende!", schoss es mir durch den Kopf. Wie hab ich es nur geschafft, dass das Motorrad noch stand und ich mit der schweren Maschine nicht im Reisfeld umgefallen bin? Ein Glück, dadurch waren meine Rucksäcke trocken geblieben. Allerdings nutzten mir meine wasserdichten Halbschuhe nichts mehr, denn 50cm unter Wasser liefen sie komplett voll.

Albane merkte zuerst gar nicht, dass ich nicht mehr auf dem Feldweg war. Meine Rufe hörte sie nicht mehr. So stand ich einige Minuten im Reisfeld, hielt krampfhaft das Motorrad fest und wartete. Albane erreichte das Ende des Feldweges, bemerkte meine tollkühne Fahrtechnik und lachte erstmal, bevor sie Hilfe von der Unterkunft holte.

Die Maschine war richtig schwer. Nur zu fünft brachten wir sie zurück auf den Feldweg, aber jeder Versuch, sie wieder in Gang zu setzen, war vergebens. So schoben wir sie zum Guesthouse, um erstmal eine Dusche zu nehmen. Viel war nicht los an diesem Platz der Erde und so war ich die lustige Abendunterhaltung.

Das Motorradwunder

Die Sonne lachte morgens durch das Fenster und nach dem Kaffee ging ich, um mir das Malheur bei Tageslicht anzusehen. Sauber war die Maschine schon. Der Reinigungsservice war ohne zu fragen schon von den netten Vietnamesen übernommen word#en. Ich steckte den Schlüssel rein, drehte um und – nichts! Ok, so hab ich mir das gedacht.

Das Gute an so einer alten Maschine ist aber, dass sie einen Kick-Start hat. So trat ich dann zehn Minuten darauf rum und gab immer schön kräftig Gas. Ein Vietnamese gab mir dann zu verstehen, dass das nichts wird und ich die Maschine jetzt noch zusätzlich mit Sprit abgesoffen habe. Somit wurde nur noch der Kick-Start getreten, was das Zeug hielt, und nach fünf Minuten sprang meine „alte Lady" wieder an. Nun wurde das Gas aufgedreht, der Motor heulte auf und wurde mit Benzin gefüllt. Aus dem Auspuff kamen noch locker drei Liter Wasser raus – Sie lebte!

Getraut hatte ich meiner „alten Lady" nicht und das sollte jetzt nicht besser werden. Wir bedankten uns bei der Familie für ihre Hilfe und fuhren los. Keine 40 Kilometer später schlingerte meine Maschine und ich konnte sie bei Tempo 60 gerade noch so halten, bis ich sie zum Stehen brachte. Nach einem skeptischen Blick stellte ich fest – mein erster platter Reifen! Zum Glück passierte das Ganze rund 500 Meter vor einem kleinen Ort, so dass ich nicht weit zu schieben hatte, bis ein Mechaniker gefunden wurde. Der hintere Reifen war schnell geflickt.

So langsam merkten wir, dass wir mit unserer ungeplanten Route ziemliches Glück hatten. Abgedeckte Häuser zeugten von dem Wirbelsturm. In Hanoi und der Umgebung gab es sogar 27 Tote zu beklagen. Die Pfützen wurden größer und an manchen Stellen war die Straße von Erdrutschen bedeckt. Einige Straßen wurden zum See und das Durchqueren der Fluten eine Herausforderung.

Durchquerung der kleinen Seen, die sich auf den Straßen bildeten

Das Fahren machte bei dieser Witterung nicht so viel Spaß, da unter jeder Pfütze ein riesiges Schlagloch sein konnte und ein Sturz möglichst vermieden werden sollte. Ein billiger Regenponcho brachte nur bedingt Linderung gegen den Regen und zu guter Letzt machte meine „Alte Lady" Zicken. Nachdem mein Vorderrad beim Bremsen völlig blockierte, war ich froh, als wir am späten Nachmittag in der kleinen Stadt Mộc Châu ankamen. Eine Unterkunft war schnell gefunden und ein paar Meter weiter gab es auch wieder eine kleine Werkstatt.

Schnell machten sich die zwei Mechaniker an die Arbeit. Das Vorderrad wurde ausgebaut und die Trommelbremse zerlegt. Ich befürchtete schon Schlimmes, aber mit etwas Schmirgelpapier reinigten sie die Bremse von innen und bauten alles wieder zusammen. Eine kurze Probefahrt – und meine „Alte Lady" schnurrte und bremste wieder.

Eintauchen bei Vietnamesen

Weiter ging es auf kleinen Straßen, die immer schlechter wurden. Dafür wurde die Landschaft im Gegensatz zu den Straßenverhältnissen immer besser. Auch nach gut acht Monaten Weltreise konnte ich nicht genug kriegen von dem leuchtenden Grün und der wechselnden Landschaft. Da ich ja erst wenige Tage vorher mit dem Motorradfahren angefangen hatte, waren meine Fahrkünste nicht besonders. Ich merkte, dass mich dies viel Kraft kostete. Physisch und psychisch strengten mich die täglichen acht bis zehn Stunden Fahrt sehr an. Das merkte ich allerdings erst abends, wenn ich todmüde einschlief.

Am Ende des dritten Tages erreichten wir kurz vor Dunkelheit ein kleines Dorf. Das Schild „Nhà Trọ" an der Lehmstraße wies uns auf eine Unterkunft hin. Albane sollte nachsehen, ob der Preis stimmte und es einigermaßen sauber war. Ich wartete bei den Motorrädern, damit wir die Rucksäcke nicht abschnallen mussten. Ernüchtert kam sie zurück und meinte nur, dass es wie im Schweinestall stinken würde und sie sich lieber weiter umschauen wollte. Nach fünf Minuten kam sie zurück und meinte: „Wir haben ein Bett und das auch noch kostenlos." Der junge Lehrer des Dorfes lud uns ein, bei ihm zu wohnen. Seine Frau kümmerte sich um das Kind und er schwang schon die Kochlöffel, als wir ein riesiges Doppelbett bezogen. Nach einer kurzen Dusche fanden wir uns zusammen zum Abendessen auf dem Boden der Küche wieder. Erst dachte ich, dass die Unterhaltung sicher lustig werden würde, aber er war Englischlehrer und somit glücklich, mit uns Smalltalk zu führen. Seine Frau sprach auch Englisch und so wurde es ein schöner Abend. Unser Gastgeber war glücklich, dass mal ein Mann mit im Hause war, da er so mit mir ein paar Bierchen trinken konnte. Dann kam noch der Bienenschnaps dazu und die Glückseligkeit in seinem Gesicht war deutlich zu sehen.

Auf zu den Reisfeldern von Sa Pá

Eine wunderbare Tagestour lag vor uns. Albanes Straßenkarte zeigte Nebenstraßen an, die diesen Namen nicht tragen dürften. Und so kam es, wie es kommen musste: Albane, die wirklich jeden Stein überfahren wollte, hatte einen Platten. So schlimm ist das ja eigentlich nicht, aber leider passierte es an einer Stelle, die sehr ungünstig lag. 30 Kilometer vor und hinter uns keine Stadt. Mitten in den Bergen standen wir nun. Das sind die Situationen, die zeigen, warum solch eine Tour nur zu zweit funktionieren kann. Für mich hieß es jetzt: Hilfe holen. Da sich mein Vietnamesisch in Grenzen hielt, wurde der platte Reifen samt Scooter fotografiert, um wenigsten anhand des Bildes erklären zu können, was passiert war. Dank sei den Digitalkameras mit Bildschirm!

So fuhr ich weiter und hoffte, dass ich schon bald durch ein Dorf mit einem Mechaniker kommen würde. Leider weit gefehlt. Nach zehn Kilometern traf ich endlich auf den ersten Vietnamesen, der eine kleine Art von Garküche hatte. Es war mehr ein Aussichtspunkt für Touristen, die aus dem 20 Kilometer entfernten Sa Pá vorbei schauten. Ich machte ihm auf dem Foto klar, was ich wollte. Und er hatte auch eine Lösung für mich. Einen neuen Schlauch wollte er mir verkaufen. Schlauch wäre schon mal super, aber erstens hatte ich kein Werkzeug und zweitens keine Ahnung, wie ich das Hinterrad aus-, geschweige denn wieder einbauen sollte.

Auf meinen Vorschlag, mit mir zusammen den Schlauch zu wechseln, ging er nicht ein, da er niemanden hatte, der dann auf seine kleine Garküche aufgepasst hätte. Ein gutes Argument, aber wie immer im Leben rief er einen Freund an, der ihn vertreten sollte. Nach 40 Minuten kam dieser auch und wir brachen auf zu Albane. Mit seiner Hilfe war der Schlauch schnell gewechselt und das Ganze hat sogar kaum was gekostet – wir mussten praktisch nur den Schlauch bezahlen. Er fuhr schnell wieder zurück zu seiner Garküche, während wir den Berg eher langsamer hinauffuhren. Nach zehn Minuten trafen wir unseren Helfer wieder. Er stand da und kam nicht mehr weiter. Zum Glück kein Platter, sondern kein Benzin! Nichts leichter als das, meinte er und zapfte bei mir am Motorrad Benzin ab. War ja selbstverständlich und zum Glück war mein Tank schon etwas größer. Zusammen erreichten wir dann seine Garküche. Zum Dank kehrten wir noch bei ihm ein. Stickyrice und eine Art Wachtel gab es vom Grill, dazu noch eine Cola und gratis die schöne Aussicht. Die letzten 20 Kilometer nach Sa Pá waren dann nur noch ein Kinderspiel.

Sa Pá – Der Touristenkulturschock

Bei der Ankunft in Sa Pá bin ich fast 750 Kilometer unfallfrei durch ein authentisches Vietnam gekommen. Hier kam ich mir ein wenig vor wie auf der Khoan San Road in Bangkok. Ok, ganz so schlimm war es nicht, aber mich wunderte es schon, dass mir sogar Apfelwein angepriesen wurde.

Ein billiges Hotel war schnell gefunden und es gab sogar WIFI. Daran ist messbar, dass viele Touristen hierher kommen. Während ich kurzerhand das WIFI ausnutzte, machte sich Albane auf die Suche nach einem Lokal, dass von Einheimischen besucht wird. Wir verabredeten uns dann für eine Stunde später am Marktplatz.

Als ich Albane traf, hatte sie schon Hunger und ein super Lokal ausfindig gemacht. Als wir das Lokal betraten, waren wir die einzigen Ausländer. Die circa 50 anwesenden Vietnamesen nahmen uns erstmal gar nicht wahr, da scheinbar eine Feier stattfand. Wir bestellten Getränke und als diese vom Kellner gebracht wurden, auch das Essen. Jetzt wurden wir erst richtig bemerkt. Das Essen wurde von den Feiernden einfach abbestellt und wir wurden zum Feiern eingeladen. Albane saß sofort bei den Frauen. Ich hatte schneller ein Glas Schnaps in der Hand als einen Stuhl unterm Hintern und fand mich bei den Herren wieder.

Bevor ich die Schälchen mit allerlei vietnamesischem Essen bekam, musste ich noch drei Schnäpse trinken. Ein paar der Männer konnten gebrochen Englisch und als ich erklärte, dass ich aus Deutschland kam, bekam ich gleich noch ein paar Schnäpse ausgegeben. Zwei Minuten später stand dann der Mann vor mir, der die Rechnung bezahlte. Er sprach mich auf Deutsch an und erzählte mir, dass er vor dreißig Jahren in Leipzig studiert hatte. Heute feierte er hier mit seinen Mitarbeitern und war ganz aus dem Häuschen, dass er wieder Deutsch reden konnte. Ich verstand nur jedes dritte Wort, das konnte aber auch an seinem Schnapskonsum liegen.

Nachdem wir gesättigt waren, zogen uns unsere Gastgeber auf die Tanzfläche, die durch Beiseiteschieben der Tische entstand. Auf die Frage, ob ich mit Albane verheiratet sei, wurde ein Nein nicht gewertet. Die Hochzeit hätte ihretwegen sofort vollzogen werden sollen. Zum Glück wurde die Musik auf ein unerträgliches Maß aufgedreht und bei komischen Technoklängen konnte keiner mehr sein eigenes Wort verstehen. So tanzten hier 20 Vietnamesen völlig willenlos zu Technoklängen und zwei Europäer konnten sich dessen auch nicht entziehen. Plötzlich, es war genau 21 oder 22 Uhr, wurde die Musik mitten im Lied ausgeschaltet und die „besoffene Gesellschaft" verabschiedete sich und verließ das Lokal. Wir standen da und wussten gar nicht, was los war. Scheinbar gibt es wohl so eine Art „Sperrstunde". Vor der Tür bedankte sich dann der Chef noch für unseren Besuch. Er hofft bestimmt noch heute, dass wir zwei heiraten werden.

Die Wanderung durch die Reisterrassen von Sa Pá

Reisfelder von Sa Pá

Das circa 1600 m über NN liegende Sa Pá ist berühmt für seine wunderschönen Reisterrassen. Schon früh erkannten die Franzosen das angenehme Klima dort. Auch damals wurde dieser Ort zu Erholung genutzt. Albane und ich wollten eine kleine Bergtour unternehmen. Zwar nicht den höchsten Berg von Vietnam, den Fan Si Pan (3143m), aber etwas Bewegung nach dem vielen Sitzen auf dem Motorrad. Als wir in Sa Pá ankamen, buchten wir eine Tour für den nächsten Tag. Nach dem Frühstück warteten wir, dass uns jemand im Hotel abholte, leider kam keiner. Erst nach einer Stunde Verspätung stand ein Guide mit 15 Leuten vor unserem Hotel. Verdutzt schauten wir uns an, da wir dachten mit dem Auto abgeholt zu werden.

Die Tour war dann eher ein gemütlicher Spaziergang durch die angrenzenden Reisterrassen als die von uns gewünschte Wanderung. Der Sparziergang war recht nett, allerdings folgten uns auf Schritt und Tritt ein paar H'Mong-Frauen, die in ihren Trachten nett anzusehen waren. Erst dachte ich, dass diese zum Programm gehörten. Aber weit gefehlt, sie liefen einfach mit bis zum nächsten Dorf und wollten Souvenirs verkaufen. Dort wurden sie dann durch die H'Mong-Frauen des Ortes ersetzt. Scheinbar gibt es wohl Gebietsgrenzen zum Souvenirverkauf.

Nach vier Stunden waren wir zurück im Hotel. Wir hatten zwar noch eine Nacht gebucht, aber noch nicht bezahlt. So fragten wir, ob wir sofort auschecken konnten. Ein kurzes ja und schon saßen wir wieder auf unseren Motorrädern und verließen den Touristenort.

Hà Giang und die Berge bei Tam Son

Während der schönen Fahrt durch die Berge dachte ich oft an das Buch von Heinz Helfgen „Ich radle um die Welt (Band 2)", wo er diese Landschaft mit der „grünen Hölle von Indochina" beschreibt. Es ist einfach wunderschön, dieses Grün, diese Berge. Der Weg führte uns hoch in den Norden. Die Grenze zu China war nicht mehr allzu weit und die Berglandschaft verzückte uns. Da es in Sa Pá mit dem Wandern nicht geklappt hatte, sollte Hà Giang dafür herhalten.

Wir erreichten Hà Giang kurz nach 17 Uhr und da wir keine Ahnung hatten, wo man eine Wanderung unternehmen konnte, machten wir uns auf, eine Art Tourismusbüro zu finden. Das Unterfangen hört sich leichter an als gedacht, da niemand Englisch sprach. Selbst in etwas größeren Hotels verstand uns niemand. Da wir auch überhaupt nichts in dieser Richtung finden konnten, sahen wir unsere Wanderung dahin schwinden.

Albane sah plötzlich einen „Ausländer" und meinte euphorisch: „Den können wir fragen!" Wir liefen zu ihm hin. Er saß bei einigen Vietnamesen auf der Straße und hackte Brennholz. Wir gesellten uns dazu und wurden sofort zum Tee eingeladen. John, ein Amerikaner, wartete auf seinen Bus nach Hanoi und hatte einen Lonely Planet dabei. Es stand eine Telefonnummer drin, die uns Hoffnung machte.

Die Runde war lustig. Wenige englisch- und mehrere vietnamesisch-sprechende Leute unterhielten sich mit Händen und Füßen. Bald schon wurde der Tee gegen Schlangenschnaps ausgetauscht und jeder durfte mal Holzhacken. Vor dem ersten Schlangenschnaps ist besser als vor dem zweiten. Denn wer vorher weiß, wie ekelhaft dieser schmeckt, wird vielleicht freundlich ablehnen. Durch meine Unwissenheit kam ich dann in den Hochgenuss mehrerer dieser Schnäpse.

Auf dem Weg nach Hause riefen wir die Nummer aus dem Lonely Planet an und eine Frau meldete sich. Sie war kurz später bei uns im Hotel und meinte alles regeln zu können. Wir machten einen Preis für ein Guide aus, der kein Englisch sprach und uns am nächsten Morgen abholen und den Weg zeigen sollte.

Pünktlich standen nur wir am nächsten Morgen um 7 Uhr vor unserem Hotel. Von unserem Guide war keine Spur zu sehen. Nach 30 Minuten riefen wir bei der Frau an und 20 Minuten später kam ein Mann. Da er uns nicht verstand, fuhren wir ihm einfach hinterher. Nach zweieinhalb Stunden Fahrt kam uns das Ganz dann doch komisch vor und wir ahnten, dass der Guide weniger Ahnung hatte als wir selbst. Wir stoppten und fingen an, ihn auf Englisch zu befragen. Er jedoch machte sich nicht viel draus und drückte uns sein Telefon in die Hand. Die Frau von gestern war wieder dran und wir teilten ihr mit, dass der Ausflug anders abgesprochen war und wir jetzt auf die Hilfe des Super-Guides verzichten würden. Sie wollte dennoch den ausgemachten Betrag. Wir jedoch gaben dem Guide ein Drittel des ausgemachten Betrags und fuhren davon.

Wir fuhren einfach weiter. Wunderschöne Berglandschaften von Tam Son eröffneten sich vor uns. Wir kauften Obst und etwas Brot für den Lunch, den wir gemütlich am Ufer eines Flusses genossen. Gegen Nachmittag waren wir wieder zurück in Hà Giang.

Die Berge bei Tam Son

Da aus unserer Wanderung wieder nichts geworden war, wollten wir die Stadt zu Fuß erkunden. Weit kamen wir jedoch nicht. Nach circa 500 Metern winkten mich zwei Polizisten zu sich. Diese saßen bequem in einem Straßenlokal und baten mich, mich zu Ihnen zu setzen. Bevor ich richtig saß, standen Biere auf dem Tisch. Albane wollte erst nicht, dass ich mich zu ihnen setze, aber ich meinte zu ihr: „Warum nicht? Vielleicht sieht man sich nochmal im Leben und dann ist es immer von Vorteil, mit den Polizisten einen getrunken zu haben." Das Argument zog, jedoch trank sie nicht mit. Eine Kommunikation bis auf ein vietnamesisches „Prost" kam nicht zu Stande, aber es wurde viel gelacht.

Innerhalb einer knappen Viertelstunde leerte jeder von uns dreien sechs bis sieben Flaschen Bier (0,5l). Albane gab ich zu verstehen, dass ich das nicht mehr lange durchhalte würde und wir weiter müssten. So verabschiedeten wir uns. Ich wollte die Biere noch bezahlen, jedoch durfte ich das nicht. Die Polizisten luden mich ein, aber leider durfte ich kein Foto mit ihnen machen. Schade.

Weiter ging es und nach ein paar Metern stand Albane in einem Schulhof und spielte Volleyball mit den Jungs und Mädels. Es war einfach toll, von den Leuten angehalten zu werden, obwohl es außer den Händen keine Verständigungsmöglichkeiten gab. Aber alle hatten immer einen Mordsspaß! Ich schaute dem Treiben nur zu, da ich nach den vielen Bieren dem Ball nicht mehr hätte folgen können. Nach einer Dreiviertelstunde trieb uns der Hunger weiter. Wir zogen durch die Stadt, die nicht viel zu bieten hatte, und kehrten dann in einer kleinen Garküche ein.

Der Road Trip geht weiter – Verluste bei Mensch und Maschine

Unsere nächste Etappe sollte gar nicht so anstrengend werden. Von Hà Giang wollten wir gemütlich zum Lake Ba Bê fahren. Laut Albanes Karte sollte die Strecke ungefähr 120 Kilometer betragen und nach den Erfahrungen der letzten Tage in einem halben Tag machbar sein. Ich nehme es schon einmal vorweg: Machbar wurde zu unmöglich! Aber alles nach einander.

Morgens nach dem Frühstück stiegen wir um 8.30 Uhr auf die Motorräder und freuten uns, dass unsere Fahrt nicht allzu lange sein würde. Gegen Mittag wollten wir den Lake Ba Bê erreicht haben, um diesen dann gemütlich mit einem Boot zu erkunden. Die Straße aus Hà Giang raus war ungewöhnlich gut und die ersten Kilometer rissen wir sozusagen „auf einer Arschbacke" ab. Nichts Böses ahnend wurde die Straße immer schlechter und uns holten die Hinterlassenschaften des Taifun Kai-Tak ein.

Aus heiterem Himmel versperrte ein Erdrutsch die komplette Fahrbahn. Wir hielten an und dachten erst: „Nichts geht mehr!" Weit gefehlt, denn wo ein Vietnamese mit seinem Motorrad weiter will, gibt es schnell einen Weg. Neben der Straße ging es steil abwärts. Am Rand hatten die fleißigen Motorradfahrer schon einen dünnen Pfad eingefahren. Wir stellten die Motorräder ab und begutachteten den Pfad erst einmal zu Fuß. Der Lehm war festgefahren, aber sehr glitschig vom Wasser – es sollte auch für uns funktionieren. Albane wollte als Erste fahren und so holte ich schnell noch meine Kamera raus, um ein Foto zu machen.

Zehn Sekunden später, als sie um die Kurve war, hörte ich sie dann schreien. Ich rannte zu ihr und sah sie samt Scooter umgekippt zum Berghang hin liegend. Ich zog sie und das Motarrad wieder hoch und sah erst dann, dass sie sich ihren Unterschenkel am heißen Auspuff total verbrannt hatte. Ich schob ihren Scooter jetzt noch ein paar Meter weiter auf den Weg und sie humpelte hinterher. Erst jetzt sah sie ihren Unterschenkel an und bemerkte die Schmerzen.

Zum Glück hatte ich einen guten kleinen Verbandskasten mit, der jetzt, nach dem ich ihn über die halbe Welt mitgeschleppt hatte, zum Einsatz kam. So verband ich ihr erst einmal den Unterschenkel, damit kein weiterer Dreck auf die Brandwunde kam. Anschließend holte ich mein Motorrad und merkte erst dann, wie glitschig der Pfad war.

Erdrutsch in Nordvietnam, kurz bevor Albane sich verletzte

Nach einer kleinen Pause fuhren wir weiter und nach zwei, drei Kilometer wandelte sich der Weg zur Katastrophe. Die Katastrophe lag darin, dass der Weg nur noch aus circa 20x20 cm großen Steinen bestand, die kreuz und quer verteilt waren und dabei noch weit aus der Erde ragten. Hinzu kam noch das Gefälle von bestimmt zehn bis zwölf Prozent. Eine Tortur für die Finger, die Kupplung und die Bremse! Eine gefühlte Ewigkeit und genauer gesagt 10 Kilometer später kamen wir auf eine Abzweigung und wir konnten diesen Großschotterweg in eine normale Straße eintauschen.

Auf den nächsten Kilometern kehrte die Hoffnung langsam zurück, da wir laut Karte wussten, dass uns diese Straße ans Ziel führen würde. Doch 13 Kilometer nach der Buckelpiste wartete schon das nächste Unheil auf uns. Ich sagte schon, dass die Straße uns an Ziel bringen würde, aber nur dann, wenn sie schon fertig gestellt gewesen wäre!

Wir standen an einer Kreuzung und ein paar Männer meinten, dass wir nur über die noch nicht fertig gebaute Straße zum Ziel kämen. Der andere Weg wäre aufgrund der Auswirkungen des Taifuns nicht passierbar. Als wir dann den Weg der nicht fertigen Straße einschlugen, lachten sie uns noch netterweise aus, denn sie wussten, was auf uns zukommen sollte.

Plötzlich wurde die Straße zu einer wunderbaren deutschen Straße, glatt geteert und breit ausgebaut. Der Gedanke kam auf, in einer Stunde am Ziel zu sein, als plötzlich Albane wieder mal einen Platten hatte. So langsam war unser Zeitplan nicht mehr einzuhalten, als ich mich um 14 Uhr aufmachte, um Hilfe zu holen. Da wir auf den letzten Kilometern an keiner Werkstatt vorbei gekommen waren, fuhr ich die Straße weiter bergauf. Nach der nächsten Kurve dann der Schock: Es gab keine Straße mehr, noch nicht mal ein richtigen Weg. Hier fuhren wohl nur noch Baufahrzeuge und ein paar Scooter rum. So kämpfte ich mich Kilometer für Kilometer weiter, bis ich nach fünf oder sechs Kilometern auf ein paar Vietnamesen traf. Mein Glück war schon einmal, dass es Mechaniker waren. Sie lebten in einer kleinen Baracke und reparierten die defekten LKWs von der Baustelle. Für mich sah es eher nach einem LKW-Friedhof aus.

Die Jungs waren sehr nett und die Verständigung funktionierte wie immer mit Händen und Füßen sowie der Digitalkamera. Nach einer halben Stunde hatte ich dann auch zwei Vietnamesen, die mit mir zu Albane kamen. Sie fuhren mir mitsamt ihrem Werkzeug auf ihren kleinen Scootern nach. Vielleicht 300 Meter bevor wir auf Albane trafen – ich war schon auf der guten Straße – war bei mir die Luft raus. Nun hatte auch ich einen Platten. Die Jungs fuhren dann alleine weiter zu Albane und bauten ihren Hinterreifen aus. Als sie auf dem Rückweg an mir vorbei kamen, bauten sie auch mein Hinterrad aus und fuhren davon. Nun war es schon weit nach 15 Uhr und das Ziel noch lange nicht in Sicht.

Die zwei Mechaniker bei der Arbeit

Die zwei Mechaniker kamen nach gut zwei Stunden wieder zurück und bauten uns die Hinterräder wieder ein. Wir fragten die zwei, was sie für ihre Dienste haben möchten und wollten sie dafür bezahlen, jedoch winkten sie nur ab. Selbst nach hartnäckigen Nachfragen wollten sie kein Geld von uns, sondern waren glücklich, uns geholfen zu haben. Dabei waren sie bestimmt drei Stunden beschäftigt. Jetzt soll nochmal jemand sagen, dass die Vietnamesen nicht gastfreundlich sind.

Es wurde bereits dunkel und Albane fragte mich, wie der Weg dort oben sei. Ich meinte nur, dass es bei Tageslicht schon kaum ein Durchkommen gäbe und jetzt bei Dunkelheit wohl erst recht nicht. Aus diesem Grund beschlossen wir, die andere Route, die ja wegen des Taifuns nicht befahrbar sei, zu versuchen.

Unsere Freude über die geflickten Reifen hielt nicht lange, denn nach nur vier Kilometern war Albanes Hinterreifen wieder platt. Da sich die Sonne schon lange verabschiedet hatte und wir im Nirgendwo waren, tuckerten wir zusammen den Berg wieder hinab und hofften nur, dass der Mantel des Reifen nicht auch noch kaputt ging. Nach zehn weiteren Kilometern fanden wir in der Dunkelheit eine kleine Werkstatt. Der Schlauch war schnell gewechselt, ich bat noch um etwas mehr Luft in meinem Hinterreifen und so ging es weiter.

Ein Blick auf die Karte und jetzt sollten es noch circa 30 Kilometer bis zum Ziel sein. Wir beratschlagten uns und kamen zu dem Entschluss: „Das schaffen wir heute noch!"

Nach nur einem Kilometer stoppten wir bereits wieder, da wir durch ein kleines Dorf kamen. In Vietnam schließen die kleinen Essenstände oft schon um 19 oder 20 Uhr. Da es bereits 20.30 Uhr war und wir den ganzen Tag nichts gegessen hatten, kehrten wir noch in den offenen Straßenimbiss ein. Während wir noch auf unsere Suppe warteten, kam ein netter Mann zu uns und fragte, wem das Motorrad gehöre. Ich sagte: „Mir" und er teilte mir dann mit, dass mein Hinterreifen keine Luft mehr hätte. Nein, das ist dann heute schon der vierte Platte! Das Essen war noch nicht da und so schaute ich auf der Straße nach einer kleinen Werkstatt, die schnell gefunden war. Ich schob mein Motorrad hin und erklärte, dass ich einen neuen Schlauch möchte, und ging zurück zum Essen.

Gegen halb zehn ging ich mein Motorrad abholen und wollte mit Albane weiterfahren. Total erschlagen von der Tortur des Tages standen wir auf der Straße, als uns ein Guesthouse auffiel. Wir entschieden uns dann, doch hier zu übernachten, da es bereits 22 Uhr und stockfinster war. Unser Tagesziel würden wir sowieso nicht mehr erreichen und dabei dachten wir, es würde ein ruhiger Tag werden …

Unser Fazit für diesen Tag lautete:

- 1 verbrannter Unterschenkel,
- 4 Schlauchwechsel,
- einige Kilos an Schweiß verloren,
- fix und fertig eingeschlafen gegen 23 Uhr.

Auf zum Lake Ba Bể – Aber wie?

Auf meiner Reise habe ich gelernt, dass nichts ohne Grund passiert. Manche würden es vielleicht auch Schicksal nennen. Gestern war ein Scheißtag! Albanes Verbrennung sah nicht gut aus und konnte in die Kategorie „Verbrennung dritten Grades" eingestuft werden. Über die Platten lachten wir zwar nur noch, aber das Ziel vom vorigen Tag lag immer noch vor uns. Unser Gastgeber in der Unterkunft sprach ein wenig Englisch und machte uns nicht viel Hoffnung, dass wir den Lake Ba Bể mit den Motorrädern erreichen würden. Wir bedankten uns bei ihm für die Auskunft, jedoch war für uns klar, dass wir in der uns verbleibenden Zeit die Strecke nicht zurückfahren könnten. Wir kamen zu dem Schluss: Einen Weg gibt's immer!

Bevor wir die Rucksäcke festschnallten, hatten wir noch einmal getankt. Wer weiß, wo die nächste Tankstelle ist und wo es langgehen wird. Wir kamen nicht weit, denn fast jeder, den wir trafen, warnte uns vor dem Weg. Als wir das Dorf verließen, überquerten wir eine Brücke, unter uns ein ruhiger Fluss. Am anderen Ende der Brücke gab es zwei Möglichkeiten weiterzufahren. Wir stoppten und holten unsere Straßenkarte raus. In diesem Moment kam ein älterer Mann mit seinem Sohn zu uns und fragte, wo wir hinwollten. Da er nur Vietnamesisch sprach, zeigten wir mit dem Finger auf die Karte und zeigten in die jeweilige Richtung der zwei Straßen. Der Mann fuchtelte mit seinen Händen hin und her und gab uns eindeutig zu verstehen, dass es nicht möglich war, dort hinzufahren. Albane und ich schauten uns an und wahrscheinlich dachten wir dasselbe. Was soll jetzt noch passieren?

In diesem Moment lernten wir beide eine neue Lektion beim Reisen: Hilfe kommt immer dann, wenn man sie nicht mehr erwartet. Bei uns war es der Sohn des Vietnamesen, der ganze zwei englische Wörter heraus bekam, die wir erst nicht verstanden. „Ship … Boat … Ship … Boat" und zeigte immer mit seinem Finger auf den Fluss. Er meinte, dass wir die verschüttete Straße per Boot flussaufwärts umfahren sollten. Was für eine klasse Idee! Wir bedankten uns und fuhren die 500 Meter zurück zu unserer Unterkunft.

Unser Herbergsvater schaute schon komisch, als wir wieder vor sein Haus fuhren. Wir erklärten ihm, dass wir ein Boot brauchen, das uns flussaufwärts bringen solle. Die Idee fand er gut und telefonierte los. Nach 45 Minuten brachte er uns zur Anlegestelle. Die befand sich an der Brücke und der Weg dahin war halsbrecherisch. Nun warteten wir auf unser Boot, das uns abholen sollte.

Das Boot brachte uns circa vier Kilometer flussaufwärts. Erst beim Abladeversuch bemerkte ich, dass unser Bootsführer halbseitig gelähmt war. Ich konnte gar nicht fassen, wie er mit unserem Herbergsvater die Motorräder überhaupt verladen konnte. Gerade meine Maschine war sauschwer und ich hatte alle Mühe, sie mit ihm an Land zu bringen. Der Mann hat meinen vollen Respekt, bei dieser Behinderung solch eine Arbeit zu verrichten und dabei immer noch nett zu lächeln. Wir bedankten uns bei ihm und bezahlten den vereinbarten Preis.

Motorradverladung

Jetzt standen Albane und ich wirklich im Dschungel. Eine Straße: Fehlanzeige. Ein Weg: Fehlanzeige. Ein kleiner Pfad durch Sträucher zeigte uns die Richtung und mir ging nur noch ein Gedanke durch den Kopf: „Bloß keinen Platten jetzt!" Kurzdarauf erreichten wir einen kleinen Weg, der etwas besser war. Da es nur diesen Weg gab, fuhren wir weiter. Einige Hütten standen dort und ein paar einheimische Kinder winkten uns zu. Albane wollte zum Lake Ba Bể und dann noch den Dau-Dang-Wasserfall und die Dong-Poung-Höhle besichtigen.

Leider hatte Albane keine Ahnung, wo diese beiden Sehenswürdigkeiten waren, aber wie war das nochmal? Es passiert nichts ohne Grund. Der kleine Weg führte uns direkt zum Dau-Dang-Wasserfall, der nämlich direkt am Wegesrand lag. Wir stellten unsere Motorräder ab und liefen den Weg zum Wasserfall runter. Hier begegnete uns doch tatsächlich eine amerikanische Touristin. Sie fragte uns, wie wir da seien und als wir antworteten: „Mit dem Motorrad", schaute sie uns an, als wären wir vom anderen Stern. Naja, sie musste ja an unseren Motorrädern vorbei, somit wird sie gemerkt haben, dass es stimmte. Der Wasserfall an sich war nicht so spektakulär, sodass wir schnell weiter fuhren.

Parkplatz am Dau Dang Wasserfall

Weiter ging es und schnell stellten wir fest, dass wir uns auf einer Art Insel befinden mussten. Für ein Weiterkommen mussten wir wieder ein Boot organisieren, da wir jetzt auf dem Lake Ba Bể unsere Reise fortsetzten mussten. Die Verhandlungen um einen anständigen Preis waren schwierig, aber mit ein wenig Geduld klappte auch dies. Die Motorräder wurden wieder auf das Boot verladen und so ging es weiter über den Lake Ba Bể. Wir machen dem Bootsführer klar, dass wir gerne die Dong-Poung-Höhle besichtigen wollten und so fuhr er uns dort hin. Wir tuckerten gemütlich eineinhalb Stunden zur Höhle hin. Ich genoss diese Ruhe, die nur durch das monotone Geräusch des Motors gestört wurde, und beobachtete die Libellen neben unserem Boot.

Auf dem Lake Ba Bể

Als wir dann samt Motorrädern in die Dong-Poung-Höhle einfuhren, überkam mich schon ein komisches Gefühl. Albane hatte dies wohl auch, denn als wir ganz alleine durch die Höhle liefen, um diese zu bestaunen, kam ein kurzes Gespräch auf. Wir waren beide der Meinung, dass der heutige Tag schon so extrem war. So wie wir heute vorangekommen sind, das kannten wir nur aus Fernsehreportagen. Entweder sind dies Expeditionen, die im Vorhinein super geplant sind, oder irgendwelche Extremtraveler.

Nach der Besichtigung der Höhle ging es dann weiter über den Lake Ba Bể Richtung Anlegestelle für die Touristen. Die Fahrt dauerte nochmals eine gute Stunde, aber in dieser wunderschönen Umgebung wurde uns nicht langweilig. An der Anlegestelle trafen wir dann wieder auf Touristen, jedoch nur vietnamesische. Als wir unsere Motorräder an Land brachten, staunten diese nicht schlecht. Nach unserer Karte hatten wir noch ein gutes Stück vor uns, da wir noch Richtung chinesische Grenze, nach Cao Bang, wollten. Gegen 21.30 Uhr erreichten wir unser Ziel.

Besuch der Bản-Giốc-Wasserfälle

In Cao Bằng standen wir morgens schon recht früh auf. Mein Verbandsmaterial ging zu Ende und wir mussten neues besorgen. Glücklicherweise war gleich um die Ecke eine Apotheke, wo man uns weiterhelfen konnte. Auf der Straße gab es dann ein leckeres Frühstück und die alten Frauen freuten sich sehr, als wir uns zu ihnen setzten. Scheinbar waren wir die ersten Touristen, die sich zu ihnen gesellten. Das Lustige dabei war, dass sie uns abfütterten wie meine Oma einst und uns wirklich alles aus ihrem Repertoire auftischten. Gut gestärkt konnten wir uns dann auf den Weg machen.

Ein hartes Tagespensum von insgesamt 210 Kilometern und knapp elf Stunden lag vor uns. Die Bản-Giốc-Wasserfälle liegen direkt an der Grenze zu China und dementsprechend schlecht wurden die Straßen. Als wir losfuhren, dachten wir nicht, dass uns schon die einfache Strecke fünf Stunden kosten würde und dass die Straße über 50 Kilometer so schlecht sein würde, dass sie fast nur in Schrittgeschwindigkeit zu bewältigen war. Was uns jedoch überwältigte, war die phantastische Landschaft um uns herum und dass wir den ganzen Tag keinen Platten hatten.

Als wir mittags an den Bản-Giốc-Wasserfällen ankamen, waren wir schon total fertig von der körperlichen Anstrengung des Fahrens. Wir suchten die Kasse und kauften die Eintrittskarten in einem kleinen Geschäft an der Straße gegenüber der Einfahrt. Vom Parkplatz oder der Wiese davor ging es dann zu Fuß weiter und uns fiel gleich auf, dass wir hier die einzigen westlichen Touristen waren. Es gab noch ein paar Vietnamesen, die die Bản-Giốc-Wasserfälle besuchten, aber das war nur eine Hand voll.

Der Fluss Quy Xuân bildet die Grenze zu China und auf der chinesischen Seite war schon wesentlich mehr los. Kleine Boote fuhren dort ab, um die ausschließlich chinesischen Touristen näher an die Wasserfälle zu bringen. Von der vietnamesischen Seite aus fuhren kleine Boote an diese heran, um irgendwelche Sachen zu verkaufen.

Bản-Giốc-Wasserfälle: Im Vordergrund die chinesischen Touristenboote, links ist Vietnam und rechts China

Leider blieb uns nicht allzu viel Zeit, da wir ja noch über 100 Kilometer heimwärts brauchten. Wir legten uns in das saftige Gras und schauten dem Treiben auf dem Fluss zu. Nach unserer kleinen Pause von gerade mal 40 Minuten verließen wir leider diese wunderschöne Landschaft und fuhren nach Cao Bằng zurück.

Die Strecke kam uns nun noch länger vor und das Fahren wurde ab Einbruch der Dunkelheit zur Herausforderung. Abends in der Unterkunft fielen wir nach dem Duschen erschöpft ins Bett.

Mein Po ist im Arsch!

Nach 1911 Kilometern war ich in Ha Long angekommen und mein Gesäß war wirklich nicht mehr zu gebrauchen! Alleine an diesem Tag hatten wir mehr als 280 Kilometer abgerissen und das wieder auf sehr schlechten Straßen. Die Fahrt war leider nicht mehr von einer schönen Landschaft gesäumt, sondern bestand vielmehr aus einer Straßenbaustelle. Kilometerlang ging es hinter LKWs her und die Straße glich nur noch einem Staub-Sandgemisch, in das der Motorradreifen circa 15 cm tief einsank. Dementsprechend war die Sicht. Die LKWs wirbelten den Staub dermaßen auf, dass man nur 20 Meter weit sehen konnte. Wir waren zwar schneller als die LKWs, aber diese ließen uns nie überholen, so dass wir kiloweise Staub fressen durften.

Wie schon gesagt, es gab keine schönen Landschaften mehr bis zur Küste und auch den Küstenabschnitt bis nach Ha Long hatte ich mir schöner vorgestellt. Leider liegt diese Straße immer ein paar hundert Meter von der Küste entfernt und führt durch kleine Berge, so dass die Sicht auch sehr oft versperrt ist. Je weiter wir Richtung Küste kamen, umso besser wurden zwar die Straßen, aber dafür stieg der Verkehr überproportional an. Besonders die LKWs waren unberechenbar, da sie keine Rücksicht auf Motorradfahrer nehmen. Somit mussten wir uns dann auch mehr auf den halsbrecherischen Verkehr konzentrieren und waren froh, endlich in Ha Long anzukommen.

Dann wurde der Hintern für zwei Tage geschont, bis er für die letzte Etappe nach Hanoi noch einmal auf das Motorrad musste.

Ha Long Bay

Die Ha Long Bay ist das meist besuchte Ziel in Vietnam. Hier liegen 305 Schiffe, die die Touristenmassen (in der Hochsaison bis zu 20.000 Menschen pro Tag) abfertigen. Die Schiffe unterscheiden sich in „Standard", „Deluxe" und „Premium". Albane und ich kamen gerade richtig in Ha Long an, da die Hauptsaison soeben zu Ende ging. Die Suche nach der An- und Ablegestelle der Schiffe in Ha Long City dauerte über eine Stunde und wir waren schon fast am Verzweifeln. Leider gab es keine Schilder und mit Englisch kamen wir auch nicht weiter, also blieb uns nur das langsame Herantasten übrig.

An der Anlegestelle bot uns jemand noch Plätze auf seinem nicht ausgebuchten Schiff in der Variante „Deluxe" an. Der Preis hörte sich annehmbar an, jedoch galt es, auch einen sicheren Platz für die Motorräder zu bekommen. Des Weiteren wollten wir uns nach der schweißtreibenden Suche der Ablegestelle noch einmal duschen. Er meinte, dass er auch ein Hotel hier in Ha Long hätte und wir dort die Motorräder sicher abstellen und uns auch noch duschen könnten, da das Schiff erst in drei Stunden ablegen würde. So willigten wir ein und unserem 2-Tages-„Deluxe-Trip" stand nichts mehr im Wege.

Vom Hotel aus brachte uns unser Guide frisch geduscht zur Ablegestelle. Hier wurde uns dann schnell klar, dass die Ha Long Bucht wirklich eine Top-Reisedestination ist. Jeder bekam einen Aufkleber auf sein T-Shirt und dann hieß es warten, warten und warten, bis jemand sagte: „Rote Punkte" oder so ähnlich. Und los ging es auf das Schiff.

Erst jetzt lernten wir die meisten Teilnehmer unserer Tour kennen. Es stellte sich schnell heraus, dass die Gruppe auf dem Schiff gut harmonierte, sodass sich alle nach ein paar Stunden vertraut waren. Das kann auch schon mal anders sein, daher war alleine schon die Gruppe an sich ein Gewinn und machte den Trip zu etwas Besonderem.

Nach etwa vier Kilometern auf dem Schiff ging es schon wieder an Land, auf eine kleine Insel in der Ha Long Bay. Auf der Insel wurden die Touristen dann durch Karsthöhlen geführt, in denen bizarr anmutende Stalaktiten und Stalagmiten kunterbunt illuminiert wurden. Es sah zwar ganz lustig aus, doch so etwas ist nicht mein Geschmack. Danach ging es wieder zurück auf das Schiff. Als nächste Attraktion stand Kajaken auf dem Programm. Die Kajaks waren jedoch in einem schlechten Zustand und dazu nicht doppelwandig. Das ist schlecht, denn wenn man kentert, säuft das Kajak einfach ab.

Das hinderte Albane und mich jedoch nicht daran, in das recht verdreckte, aber warme Wasser zu springen. Als unser Guide uns einholte, flippte er fast aus und meinte nur, dass das Kajak doch recht schnell sinken kann und wir es dann bezahlen müssten. Wir sanken nicht und brachten das Kajak auch wieder heil zurück.

Das wirklich Schöne auf dieser Tour war jedoch, auf dem Sonnendeck zu sitzen und die wunderschöne Karstlandschaft zu genießen. Besonders der Sonnenuntergang hatte es mir angetan.

Ha Long Bay

Den Abend verbrachten wir mit einem tollen Essen – Seafood bis zum Abwinken. Danach wollte die Crew mit uns Karaoke singen, aber wir unterhielten uns lieber und bewunderten die Karstberge, die im Mondlicht ihre Schatten auf das Wasser warfen.

Am nächsten Morgen ging es dann über einen anderen Weg zurück zur Ablegestelle nach Ha Long Bay. In diesen paar Stunden genoss ich die Aussicht, die Ruhe und auch die Unterhaltungen.

Fazit: Ich hatte einen sogenannten 2-Tages-Trip gebucht. In Wirklichkeit waren wir gerade mal knappe 24 Stunden unterwegs. Es war sehr schön, aber einfach zu kurz. Falls ich noch einmal hier her kommen sollte, würde ich mindestens einen 3-Tages-Trip buchen. Da fährt man noch weiter auf die Ha Long Bay hinaus. Es sei noch angemerkt, dass viele dieser 3-Tages-Trips eine Übernachtung in einem Hotel auf der Insel Cat Ba beinhalten. Ich würde dies jedoch ablehnen, da ich den Sonnenuntergang und -aufgang auf dem Schiff erleben möchte.

Abschied aus Nordvietnam

Gesund und ohne Unfall zurück in Hanoi

Nach 2116 Kilometern Ankunft am Bahnhof in Hanoi

Motorradfahren war noch nie meine Leidenschaft. Doch im Rückblick auf die letzten 13 Tage mit meiner „alten Lady" musste ich zugeben, dass diese Erfahrung schon beeindruckend war. Ich war glücklich, Hanoi ohne Kratzer oder Schramme erreicht zu haben. Albane hatte da leider nicht so viel Glück.

Nach offiziellen Angaben sollen in Vietnam im Jahr 2010 mehr als 9000 Menschen bei Verkehrsunfällen ums Leben gekommen sein (Deutschland: 4000). Ich glaube aber, dass diese Zahl geschönt wurde und die wirkliche Zahl fast das Doppelte sein müsste. Sitzt ein Vietnamese erst auf seinem Motorroller, dann gibt es kein Halten mehr. Rote Ampeln, Vorfahrt und sonstige Verkehrsregeln werden missachtet, Einbahnstraßen gibt es nur theoretisch, Fußgängerwege sind schöne Abkürzungen.

Dies ist aber noch zu übertreffen, wenn der Vietnamese vier oder gar sechs Räder unter sich hat. Dann gibt es nur noch Eins: Finger auf die Hupe und jedem signalisieren „Hier komm ich!". Daher empfand ich die PKWs, Busse und

Kleinlaster als die gefährlichsten Verkehrsteilnehmer auf Vietnams Straßen. LKWs mit mehr als 30 Tonnen waren recht harmlos, da behäbig. Trotzdem sollten sie nie unterschätzt werden.

Ich möchte an dieser Stelle auch noch einmal erwähnen, dass Albane nach ihrem Sturz nicht einmal gejammert hat, obwohl sie Verbrennungen dritten Grades an ihrem Unterschenkel hatte. Selbst das dreckige Wasser der Ha Long Bay konnte sie nicht davon abhalten, schwimmen zu gehen. Ich habe vorher noch nie so eine zähe, aber vor allem immer positiv denkende Reisepartnerin gehabt. Nach unserer Tour kreuzten sich unsere Wege noch sehr oft. Nach dem Ende ihres Urlaubs drei Wochen später hat sie alles in Frankreich aufgegeben und lebt seitdem in Saigon. Ich wünsche ihr alles Gute!

Fazit zum Road Trip: In Bangkok hatte ich schon kurz diese Idee, aber allein ist ein Road Trip durch Vietnam nicht zu empfehlen. Gerade wenn mitten im Nirgendwo der Reifen platt ist und Hilfe geholt werden muss – so wie es uns passiert ist. Und dies ist noch das geringste Übel, denn es kann auch noch viel Schlimmeres passieren …

Ich gebe im Nachhinein zu, dass ich mir der großen Gefahr zwar bewusst war, diese aber schon ein wenig unterschätzt hatte. Falls mich jemand fragt, ob es das wert gewesen ist, so muss ich sagen: „Ja!" Die Leute, die mich kennen, wissen, wie ungern ich Motorrad fahre. Die Lust aufs Motorradfahren hat sich bei mir selbst nach den über 2100 Kilometern nicht eingestellt. Dazu kommt, dass ein Motorrad unbequem und laut ist. Ich kann mich mit niemanden unterhalten oder Musik hören, während ich solch wunderschöne Landschaften sehe.

Die letzten Tage in Hanoi

Nicht weit vom Hauptbahnhof wohnte Mike, der Couchsurfer und ich konnte wieder bei ihm unter kommen. Als ich zwei Wochen zuvor Hanoi verließ, hatte ich Hương bereits Geld für ein Busticket gegeben, um mit ihr und ihren Freunden ein paar Tage Urlaub südlich von Hanoi zu machen. Bevor es losging, hatte ich noch eineinhalb Tage Zeit für ein paar Sehenswürdigkeiten.

Als erstes kaufte ich mir eine Eintrittskarte für das Wasserpuppentheater, da ich das letzte Mal nicht pünktlich hinkam. Danach lief ich zum Militärmuseum, das ich mir anschauen wollte. Das Museum überzeugte mich nicht. Es waren zwar ein paar Kriegsfahrzeuge ausgestellt, die noch sehenswert waren, aber ansonsten gab es nur zu Kunst verarbeiteten Militärschrott und kitschige Propaganda. Geschmacksache halt.

Den Tag verbrachte ich mit dem Ablaufen der Sehenswürdigkeiten, wie der St. Joseph's Cathedral und dem Hồ Hoàn Kiếm See mit der The-Huc-Brücke und der Bier-Ecke. Am Abend ging ich dann mit großen Erwartungen in das Wasserpuppentheater. Leider ist das auf Reisen sehr oft so: Wenn die Erwartungen groß sind, dann ist die Enttäuschung nicht weit. Während der Vorstellung wurden von den Puppen verschiedene ehemalige Lebensarten dargestellt. Zwei große LED-Bildschirme links und rechts der Bühne erklärten auf Englisch, was gerade gespielt wurde. Mir hat die Vorstellung nicht gefallen. Im Anschluss ging ich dann direkt zum wöchentlichen Couchsurfer-Meeting.

Bevor ich am nächsten Abend Hanoi verlassen wollte, nutzte ich den Tag noch, um bei Mike meine Wäsche zu waschen. Abends traf ich Hương und ihre Freunde beim Busunternehmen, um nach Lang Co aufzubrechen.

Lang Co – Tage des Sea Food

Nach meinem Road-Trip hatte ich eigentlich keine Lust mehr auf Motorradfahren, aber im Leben kommt es immer anders, als man denkt. Wir, meine Couchsurferin Hương mit ihren vier Freunden und ich, erreichten Hue am frühen Morgen. Meine erste Fahrt in einem Liegebus war recht komfortabel, wenn man von der Länge des Bettes absieht. In Hue steuerten wir einen Motorradverleih an und mieteten uns zusammen drei Scooter, mit denen es nach Lang Co gehen sollte. Die vietnamesische Kunst des Gepäckverstauens kam nun ins Spiel. Nach einer kurzen Zeit saß Hương bei mir hinten auf dem Sozius und los ging es.

Die 70 Kilometer waren für mich der reinste Horror. Der kleine Scooter fuhr sich nicht gut, dazu auch noch beladen mit zwei Personen und drei Rucksäcken. Außerdem ging die Route über einen kurvenreichen Berg und der Verkehr war auch nicht ohne. Hương allerdings genoss meine Fahrweise, da sie während der Fahrt öfters einschlief. In Lang Co bezogen wir dann eine günstige Unterkunft und gingen an den wunderschönen Strand. In den nächsten zweieinhalb Tagen passierte nicht viel. Den ersten Vormittag verbrachten wir am Strand, um dann nach dem Mittagessen zum Hai-Van-Pass aufzubrechen.

Die 13 Kilometer zum Pass, der auf Deutsch auch der Wolken-Pass genannt wird, ziehen sich in ein paar Serpentinen auf 496 Meter hoch. Der Wolken-Pass ist die natürliche Grenze von Nord- und Südvietnam. Während des Vietnamkrieges und auch schon im Indochinakrieg war dieser Pass schwer umkämpft. Oben auf dem Pass können noch die Bunker der US-Streitkräfte besichtigt werden. Mich jedoch reizte mehr die Aussicht, wenn die Wolken mal kurzzeitig aufrissen.

Abends bekam ich gezeigt, was es heißt, mit Vietnamesen essen zu gehen. Hier wurde bestellt auf Teufel komm raus. Alles wurde in die Mitte des Tisches gestellt und jeder konnte sich bedienen. Seafood bis zum Abwinken und das jeden Abend – für mich wie ein Sechser im Lotto. Danach sahen die Tische und vor allem der Boden aus, als hätte eine Bombe eingeschlagen.

Am zweiten Tag fuhren wir mit den Scootern die Lagune von Lang Co ab. Die Berge im Hintergrund, die See mit ihren Fischerbooten im Vordergrund – einfach ein grandioses Bild! Abends gingen wir noch ein wenig am Strand spazieren, bevor es wieder zum letzten Abendessen ging.

Die Tage verflogen nur so. Das war die notwendige Erholung von den Strapazen der Motorradtour und es war einfach klasse. Nach dem wir wieder zurück in

Hue waren, trennten sich unsere Wege. Hương und ihre Freunde mussten zurück nach Hanoi und ich reiste weiter Richtung Süden.

So viele leckere vietnamesische Seafoodspezialitäten habe ich hier gegessen, die ich nie selbst hätte bestellen können. Es war nicht nur super lecker, sondern vielmehr durfte ich die vietnamesische Gastfreundschaft genießen. Und aus dieser wurde eine Freundschaft, die bis heute aktiv gepflegt wird.

Abends am Strand in Lang Co – Hương und ich

Ein Nachmittag in Hue

Nachdem ich mich von Hương verabschiedet und ein Hostel gefunden hatte, bekam ich ein SMS von Albane. Sie fragte mich, wo ich sei und ich meinte: „In Hue". Ihre Antwort kam prompt – mit dem Hinweis, da wäre sie auch. So trafen wir uns kurz darauf im Stadtzentrum.

Die Zeit verrinnt nur so in Vietnam und da Hue nicht allzu viel zu bieten hat, wollte ich am nächsten Tag gern weiter zu meiner nächsten Destination, um dort etwas länger zu verweilen. Außerdem galt mein Visa nur noch zehn Tage und ich musste einfach weiter. So ein Monat kann doch recht kurz sein. Und es gab so viel zu sehen!

Nur eine Stunde später war ich wieder ein Team mit Albane. Wir liefen am Fluss entlang, bevor wir den Weg zu „Imperial Citadel" fanden. Eine gute Stunde verbrachten wir in der Zitadelle Thăng Long. Der Garten war schön angelegt und die Gebäude wurden alle nach und nach restauriert. Aber der Funke sprang nicht ganz über. Als wir danach beim Essen saßen, konnte keiner von uns sagen, warum eigentlich nicht. Ich nehme es mal kurz vorweg: Im Nachhinein betrachtet, hat die Zitadelle ein klein wenig von der Verbotenen Stadt in Peking.

Hội An – (M)eine Perle in Vietnam

Als ich im Bus nach Hội An saß, bekam ich eine SMS von Albane. Sie hatte ihre Reiseplanung über den Haufen geworfen und war jetzt auch auf dem Weg nach Hội An. Da sie erst einige Stunden später ankommen würde, suchte ich eine bezahlbare Unterkunft für uns und schrieb ihr die Adresse. Es war manchmal schon sehr seltsam, dass ich immer wieder dieselben Personen traf und dann auch mit ihnen reiste. Aber es war schön, immer wieder auf bekannte Gesichter zu treffen. Denn je öfter man sich traf, umso größer wurde die Freundschaft. Die nächsten drei Tage verbrachten Albane und ich zusammen in Hội An.

Hội An ist bekannt für seine unbeschädigte Altstadt, die Lampions und die vielen Schneider. Da ich mir einen Anzug schneidern lassen wollte, ging ich auf die Suche nach einem Geschäft, das mir zusagte. Albane schloss sich an, da sie sich ein Businesskleid machen lassen wollte. Als wir einen Schneider fanden, wurden erst der Stoff und der Schnitt ausgesucht und dann über den Preis verhandelt. In der Regel bekommt man den fertigen Anzug am nächsten Tag. Es empfiehlt sich aber, diesen dann nochmal anzuprobieren und Ungenauigkeiten und Fehler beheben zu lassen.

Ich entschied mich nicht nur für einen Anzug, sondern auch gleich passend dazu Hemd, Krawatte und Jacke. Im Laden direkt gegenüber bestellte ich dann noch zwei Paar Schuhe dazu. Alles war natürlich Maßanfertigung und das zu einem Preis, für den ich in Deutschland nicht einmal zwei Markenjeans bekommen hätte. Nach der ersten Anprobe wurden noch Details verbessert und so holte ich „des Kaisers neue Kleider" am dritten Tag ab, um diese dann per Post nach Hause zu senden.

Der neue Anzug passt wie angegossen

Nach unserem Besuch beim Schneider liefen wir durch die Gassen von Hội An, schauten uns die Markthalle, die japanischen Brücke (<u>Chùa Cầu</u>) und auch die kleinen Souvenirläden an. Hội An kann nicht mehr verbergen, dass die Bewohner vom Tourismus leben. Aber ich muss sagen, dass mich nichts daran gestört hat, weil es einfach nicht „too much" war.

Am Nachmittag mieteten wir uns einen Scooter und fuhren zum Strand. Dieser liegt zwar circa vier Kilometer weit entfernt, aber es lohnt sich. Hier konnten wir uns bei leckeren Smoothies entspannen und das warme Wasser genießen.

Die Perle von Vietnam, wie Hội An auch genannt wird, ist nicht besonders groß, aber gerade das macht ihren Charme aus. Die wunderschöne Altstadt hat den Flair der vergangen Zeit noch nicht abgelegt, denn Hội An ist weder im Indochina- noch im Vietnamkrieg zerstört worden und so fand ich eine Kulisse vergangener Tage vor. Dies wird wohl auch der Grund sein, warum die UNESCO die Stadt in die World Heritage Site aufgenommen hat. Das Besondere der Altstadt ist, dass sie auto- und motorradfrei ist. Ich glaube fast, dass das auch einmalig in Asien ist. Die kleine Promenade am Thu Bồn River wurde besonders abends zu einem Hingucker, wenn überall die kleinen bunten Lampions in den Bäumen, auf der Brücke oder vor den Restaurants leuchteten.

Die Lampions von Hội An

Am nächsten Tag war dann wieder mehr Action angesagt. Das Meer war zwar schön, aber wir wollten uns doch auch noch etwas die Umgebung von Hội An ansehen. Zwanzig Kilometer von Hội An bei Đà Nẵng liegen „The Marble Mountains". Also mieteten wir uns wieder einen Scooter und los ging es. Auf dem Weg dorthin haben wir noch gefrühstückt. Als wir die Marble Mountains erreichten, merkten wir schnell, wie hier der Tourist abgezockt werden soll. Was uns aufregte, war, dass wir überall eine Parkgebühr für den Scooter zahlen sollten – selbst auf der Straße. Die Suche nach einem kostenfreien Parkplatz blieb erfolglos und so kauften wir dann doch noch unsere Eintrittskarten. Die vielen Stufen hoch zu Marble Mountains trieben mir die Schweißperlen auf die Stirn. Die Aussicht ist sehr schön, jedoch die Grotten und Tempel sind nicht unbedingt sehenswert.

Da die Marble Mountains nicht so interessant waren, wollten wir noch weiter zur 50 Kilometer entfernten Tempelanlage <u>Mỹ Sơn</u>. Einige Reisende behaupteten, dass diese noch schöner sei als Angkor Wat in Kambodscha und weniger Touristen dort hinkämen. So setzten wir uns auf den Scooter und los ging es. Den Weg fanden wir auch recht schnell und wir kamen mittags dort an. Nach einer kleinen Stärkung begannen wir, das große Areal zu erkunden. Leider konnten wir uns nicht alle Tempel ansehen, dafür waren es einfach zu viele.

Es wurde viel restauriert und das war auch notwendig, da die Amerikaner im Vietnamkrieg diese Tempelanlage stark bombardiert hatten. Leider fing es dann an zu regnen und so setzten wir uns in das kleine Restaurant und warteten, bis es wieder aufhörte, um die 40 Kilometer nach Hội An trocken hinter uns zu bringen.

Als wir in Hội An ankamen, änderte Albane ihre Reisepläne und buchte kurzerhand noch ein Ticket Richtung Süden. Nachdem sie ihr Kleid abgeholt hatte, fuhr sie ab. Ich verbrachte noch einen weiteren Tag hier. Ich hätte auch noch viel länger hier hängen bleiben können, aber ich musste weiter, da mein Visum nur noch knapp eine Woche gültig war.

Am nächsten Morgen setzte ich mich an die Promenade des Thu Bồn River, bestellte mir einen leckeren vietnamesischen Eis-Kaffee mit süßer Kondensmilch und beobachtete das Treiben auf dem Fluss. Ich merkte gar nicht, dass neben mir ein braungebrannter Amerikaner saß, bis dieser mich ansprach. Im Lauf der nächsten drei Stunden unterhielten wir uns über ihn, über mich, meine Reise und dann erzählte er mir, dass er im Vietnamkrieg hier in der Nähe stationiert gewesen war. Ihm hat die Gegend so gut gefallen, dass er nach dem Krieg hierher ausgewandert sei, seine vietnamesische Frau aus Hội An käme und sein Sohn in den USA studiere. Danach lud er mich noch zu einem typischen Essen an einem Straßenstand ein, bevor ich mich verabschieden und Hội An mit einem weinenden Auge verlassen musste.

Chillen am Thu Bồn River in Hội An

Es geht Richtung Süden – Nha Trang, sein Beach und seine Russen

Auf dem Weg nach Saigon machte ich noch einen Stop in Nha Trang. Ich hatte keine Lust, fast 24 Stunden nur im Bus zu sitzen und so verweilte ich noch zwei Tage am Strand. Als ich morgens gegen sechs Uhr ankam und mich auf die Suche nach einem Hostel machte, musste ich mit Erschrecken Folgendes feststellen: Nha Trang erschien mir mit seinen vielen Hochhäusern, den internationalen Namen der Hotelketten und Reiseveranstalter sowie den Straßen wie eine der vielen spanischen Urlaubsstädte. Die Stadt hatte kein Flair, kam mir steril vor und ich fühlte mich nicht wohl, aber für eine Nacht ging es schon. Ich fand nicht weit vom Strand ein Hostel, dass mir ein Bett im Dorm für 4 US$-Dollar anbot.

Nachdem ich meinen Rucksack abgestellt hatte, zog es mich in die Stadt, jedoch nicht, ohne vorher zum Meer zu laufen. Nach ein paar Schritten stand ich am Strand und auch hier sah es aus wie in Italien oder Spanien. Die Hotels hatten ihre Liegen parat stehen und diese kosteten auch noch eine Leihgebühr. Es war schon recht heiß und so zog ich weiter. Nha Trang hatte rein gar nichts zu bieten, außer der Kathedrale. Als ich diese betrat, merkte ich gleich, wie schön frisch es dort drinnen war. Ich beschloss, einen Moment hier zu verweilen. Die Ruhe und das angenehme Klima unter dem Kirchendach ließen mich länger bleiben, als ich eigentlich vorhatte.

Da es bereits früher Nachmittag war, lief ich zurück zum Hostel. Direkt auf der Straße vor dem Hostel traf ich Albane wieder. Wie klein Vietnam doch ist! Sie war auf der Suche nach einer neuen Bleibe, da ihre nicht sauber und angenehm war. Fünf Minuten später quartierte sie sich im selben Hostel ein. Daraufhin gingen wir erst einmal essen und verabredeten uns für den Abend in einer Kneipe. Dieser Abend wurde feuchtfröhlich. Wir feierten unser Wiedersehen, aber auch unseren Abschied, da Albane am nächsten Tag nicht nach Saigon aufbrechen würde.

Den nächsten Tag wollte ich bis zur Abfahrt nur am Strand verbringen. Auf dem Weg dorthin machte ich einen kurzen Stopp im Supermarkt und hier passierte mir etwas Komisches. Die Verkäuferin redete auf mich ein und ich verstand kein Wort. Nur die Sprache, die sie sprach, war kein Vietnamesisch. Nach einer kurzen Weile merkte sie wohl, dass ich sie nicht verstand.

Sie fragte mich auf Englisch, woher ich käme. Ich sagte ihr, dass ich aus Deutschland käme und sie weder in Vietnamesisch noch in der anderen Sprache verstehen könne. Sie lachte und meinte nur, dass dies Russisch wäre. Gefühlte 100% der Touristen in Nha Trang sind Russen. Es gibt hier einen internationalen Flughafen mit Direktverbindungen nach Russland. Seitdem haben sie halt nur noch Russen in Nha Trang. Ja, die russischen Touristen waren mir auch schon aufgefallen, leider meist negativ. Sie benehmen sich gegenüber den Vietnamesen – ich sag jetzt mal: nicht sehr nett.

Am Abend setzte ich mich in den Nachtbus nach Saigon und verließ die kleine russische Enklave.

Saigon – Mekong River – Củ Chi Tunnel

Ich hatte es doch noch geschafft. Kurz bevor mein Visum ablief, war ich in Ho-Chi-Mhin-Stadt (früher Saigon) angekommen. Vier Wochen zuvor dachte ich noch: „Was sollst du hier in Vietnam nur solange machen?" Und nun fehlten mir bestimmt noch zwei, drei Wochen für das Land. Schade, aber ich musste das Beste daraus machen.

Für Saigon und die nähere Umgebung hatte ich genau drei Tage. Aus diesem Grund entschloss ich mich, zwei Touren zu buchen. Die erste Tour ging an und auf den Mekong River und die zweite zu den bekannten Cù Chi Tunnel aus dem Vietnamkrieg.

Ich erreichte um sechs Uhr morgens Saigon und stand am Büro des Busunternehmens TheSinhTourist. Ich bin in Vietnam fast ausschließlich mit dieser Buscompany gefahren, da sie mir in Hanoi von meinen Couchsurfer-Freunden empfohlen wurde. Der Grund ist einfach: Diese Firma überbucht ihre Busse nicht, so dass man sicher sein kann, dass der bezahlte Platz auch vorhanden ist. Vielleicht ist es etwas teurer, aber dafür ist die Fahrt recht sicher. Als Gegenpart gibt es die OpenBus-Tickets von verschiedenen anderen Busunternehmen, wie zum Beispiel TheSinhCafe oder auch Opentourvietnam. Diese sind eine Art Hopp-On-Hopp-Off-Tickets, die vielleicht etwas günstiger sind. Jedoch kann man nicht sicher sein, dass man einen Platz bekommt. Und es sind nicht immer sichere Busse und Fahrer.

Das Büro von TheSinhTourist lag im District 1 und somit direkt in der Innenstadt von Saigon. Gleich um die Ecke kam ich in eine Art „Khoan-San-Road", wo es viele Unterkünfte, Essen- und Souvenirstände gab. Ich fand ein günstiges Hotel. Es war nicht umwerfend, aber ich konnte sofort das Zimmer beziehen.

Nach drei Stunden Schlaf stand ich auf und sah mich in der Stadt um. Ich wollte meine zwei Tage planen und verglich die Preise für Touren, die mich interessierten. Mit dem Stadtplan in der Hand fiel mir erst einmal auf, dass die Stadt flächenmäßig riesengroß ist. Sie hat weit mehr als sieben Millionen Einwohner. Allerdings gibt es nicht gerade viele Sehenswürdigkeiten für eine solch große Stadt. Ich lief durch die Altstadt, die mich etwas enttäuschte und wollte mir dann einige Highlights wie Post Office, die Kathedrale Notre Dame, den Bến Thành Market (Markthalle), das Rathaus, die Oper und das War-Museum ansehen.

Als erstes kam ich an der Kathedrale Notre Dame vorbei und musste leider feststellen, dass diese verschlossen war. Sehr schade, aber auch der Anblick der Fassade ist sehr schön. Eine Vierteldrehung nach rechts und schon stand ich vor dem Gebäude der Hauptpost. Auch dieses Gebäude beeindruckte mich von außen. Mir fiel gleich auf, dass das Gebäude einen europäischen Architekten haben musste. Als ich danach googelte, kam auch die Bestätigung: der Architekt war niemand Geringeres als Gustave Eiffel. Als ich in die Halle trat, war ich wirklich verzückt. Ein wunderschönes Gebäude mit Holztäfelungen, gemalten Karten und alten Uhren mit der Zeit aus aller Welt.

Als nächstes lag das War-Museum auf meinem Weg. Ich bin eigentlich kein großer Museumsgänger, aber dieses lege ich allen ans Herz. Im Außenbereich standen noch viele Panzer, Artilleriegeschosse, Hubschrauber und ähnliches Kriegszeug. Das war eher mäßig interessant. In der Ausstellung wurden dann die Folgen des Vietnamkrieges gezeigt. Ein Krieg ist immer sinnlos, aber wenn die Zivilbevölkerung einfach bebombt wird, dann fragt man sich nach der Ethik und der Moral der Generäle und Soldaten. Auch wenn das Museum durch den kommunistischen Staat eingerichtet wurde und die Geschichte dementsprechend einseitig dargestellt wird, können die Amerikaner nicht stolz auf ihre Taten sein.

Im Museum wurden fast nur Bilder gezeigt, die die Auswirkungen der Operation „Agent Orange" zeigten und mich erschaudern ließen. Wenn ich jetzt daran denke, wie freundlich die Vietnamesen sind und immer ein Lachen auf den Lippen haben, dann muss ich mich schon wundern.

Weiter ging es und ich kam am Bến Thành Market vorbei. Beim Schlendern durch die Markthalle gönnte ich mir einen leckeren Chè, ein Dessert aus Bohnen, Mais oder ähnlichem. Mir gefiel die Markthalle nicht besonders gut, daher ging ich dann auch bald weiter. Erst lief ich an der Oper vorbei, die doch ein recht kleines Gebäude ist, und kurz darauf sah ich noch das Rathaus. Erschöpft kam ich dann abends nach Hause und fand sogar das nach Albanes Meinung beste Bún chả Restaurant von Saigon: Quán Bún Chả Hồ Gươm. Es war richtig lecker! Auf dem Heimweg buchte ich dann noch die Touren für den Mekong und die Củ Chi Tunnel für die nächsten zwei Tage.

Abendessen im Quán Bún Chả Hồ Gươm

Ich mag solche Touren eigentlich nicht, da sie meistens nicht das halten, was sie versprechen. Aber mir lief die Zeit davon und daher musste ich mich damit abfinden. Der erste Ausflug ging auf den Mekong, ungefähr 90 Kilometer von Saigon entfernt. Der Minibus brachte uns an den Fluss und die eineinhalbstündige Fahrt wurde nur von einer Frühstückpause unterbrochen. Am Mekong angekommen wurden wir auf ein Boot gebracht. Erst hier wurde mir wirklich bewusst, wie breit dieser Fluss ist. Wir setzten an das andere Ufer über, allerdings dauert die Fahrt bestimmt eine gute halbe Stunde. Das mit dem Übersetzten kam mir jedoch nur so vor, da wir zwei große Inseln im Mekong ansteuerten. Die eine Insel hieß „Turtel-Island", den Namen der Zweiten habe ich vergessen.

Wie ich es erwartet hatte, folgte nach der gelungen Anlandung ein Verkaufsstand nach dem anderen. Das Highlight bestand darin, dass wir uns einen Imker ansehen durften. Dabei wollte ich doch auf den Mekong und keinen Honig testen! Weiter ging es dann zur zweiten Insel. Hier liefen wir einen kurzen Weg entlang und wurden dann in kleineres Boot gesteckt. Das kleinere Boot fuhr uns durch ein paar kleine Kanäle, die sehr schön anzusehen waren. Am Ende ging es dann zum Essen und danach durften wir mit einem Fahrrad 30 Minuten umherfahren. Kurzdarauf wurden wir wieder in die Boote gesetzt und zu unserem großen Boot gebracht, dass uns dann wieder über den Mekong zum Minibus schipperte. Von dort aus ging es dann wieder zurück nach Saigon.

Wie ich mir schon gedacht hatte, war es nicht das Mekong-Erlebnis, das ich mir vorgestellt hatte. Ich nehme das Positive mit und weiß, dass ich nochmal länger über den Mekong reisen muss.

Kleiner Kanal auf der Mekong-Insel

Der zweite Ausflug ging zu den Củ Chi Tunnel. Morgens wurde ich an dem Reisebüro wieder mit dem Minibus abgeholt. Die Củ Chi Tunnel liegen ungefähr 80 Kilometer von Saigon entfernt. Sie sind 1948 während des Indochinakrieges gegen die Kolonialmacht Frankreich entstanden. Mit Hilfe dieser Tunnel wurden die Gegner in Schach gehalten. Das Tunnelsystem wurde von 1960 bis 1975 im Vietnamkrieg von den Partisanen ausgebaut und als Versteck benutzt. Die Tunnel reichen von der Provinz Củ Chi bis ins circa 80 Kilometer entfernte Saigon. Ganze kleine Dorfer lebten zu dieser Zeit unter der Erde, es gab sogar einige Schulen.

Heute gibt es noch einen circa 90 Meter langen Tunnel, der allerdings für uns „Westler" etwas vergrößert wurde. Bei der Tour wurden Techniken gezeigt, wie die Landbevölkerung erst Tiere und dann Soldaten jagte. Wer genügend Geld

hatte und an Waffen interessiert war, konnte dort auch mit einem Maschinenge-
wehr oder einer Pistole schießen. Die Tour war nicht schlecht, vor allem weil
ich genau dasselbe gesehen hätte, wenn ich auf eigene Faust losgezogen wäre.

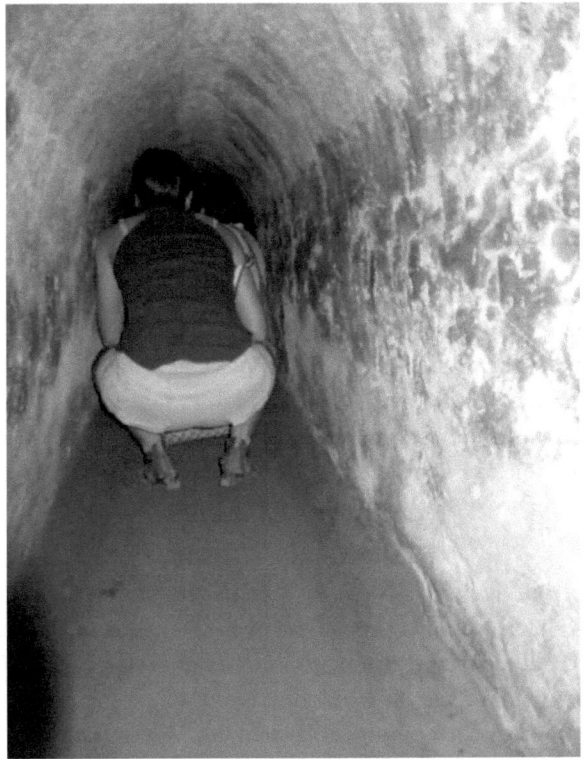

Im Củ Chi Tunnel

Kleiner Einwurf: Die Vietnamesen

Es ist schon interessant, wie verschieden die Meinungen der Reisenden über Vietnam sind. Ich bin einen Monat durch Vietnam gereist, habe vor, während und nach dieser Zeit Reisende getroffen und bin erstaunt, dass es oft so unterschiedliche Meinungen über die Vietnamesen gibt. Viele Reisende sprachen oft abwertend über die Vietnamesen. Sie würden die Touristen nur als Geldautomaten ansehen und akzeptieren. Ich habe selbst gemerkt, dass die Vietnamesen sehr geschäftstüchtig sind und natürlich auch ein gutes Geschäft mit der Ware „Tourist" machen möchten.

Mir ist auch klar, es in jeder Gesellschaft Menschen gibt, die keinen Skrupel haben. Oft werden die Angestellten von den Besitzern zu komischem Verhalten angehalten, damit sie etwas nervend auf den Gast einreden. Im großen Ganzen empfand ich dies nicht so schlimm. Man muss sie mit ihren eigenen Waffen schlagen. Ein kurzes „No, thanks" oder „I don't want to buy your business!" genügt oft. Und wenn sie extrem nervend sind, einfach gar nicht mehr antworten. Selbst habe ich das nur selten an den großen Sehenswürdigkeiten erlebt. Aber sind wir doch mal ehrlich: Wie viele Touristen benehmen sich da auch daneben und das nicht nur in Vietnam!

Vielleicht habe ich auch Glück gehabt. Ich habe sofort nette und freundliche Vietnamesen kennen gelernt, die mich nicht als Tourist sondern Freund behandelt haben. Auch bin ich in Gegenden gewesen, wohin sich ein Tourist nur selten verirrt und wo es noch mehr Anstand gibt. Ich wurde oft zu Tee oder Bier eingeladen, ohne Grund oder bestimmte Absicht des Vietnamesen.

Ich habe mittlerweile meine eigene kleine These aufgestellt: Immer wenn man in ein Land einreist, entscheiden die ersten zwei, drei Tage darüber, ob einem dieses Land gefällt. Macht man gleich zu Beginn schlechte Erfahrungen, so färbt das ab und die Offenheit zu Land und Leuten nimmt ab. Dies ist dann oft der Grund, warum man mit diesem Land nicht „warm" wird. Selbst habe ich das auf meiner Reise erlebt – aber nicht in Vietnam!

Wenn der Urlaub ins Wasser fällt – Koh Rong

Meine Zeit in Vietnam war vorbei und ich musste ausreisen, da mein Visum abgelaufen war. Ich hatte mir immer vorgenommen, eine Auszeit vom Reisen zu nehmen und das war auch wichtig. Viele Langzeitreisende bekommen nach ein paar Monaten oft eine Art Reise-Burnout. Das hört sich zwar komisch an, kommt aber öfters vor, als so manch Einer denkt. Auf einem anderen Reiseblog hatte ich ein tolles Video und Bilder von einer kleinen Insel bei Kambodscha gesehen. Dort wurde die Insel Koh Rong als Juwel beschrieben, das noch nicht im Tourismussog angekommen war. Selbst beim Lonely Planet ist sie nur mit zwei Sätzen beschrieben. Somit war für mich klar, dass ich zum Ausspannen dorthin fahren würde.

Die Anreise erfolgte mit dem Bus direkt von Phnom Penh aus bis nach Sihanoukville, das ich am Abend erreichte. Da kein Boot mehr fuhr, übernachtete ich dort ohne die Stadt zu erkunden. Aber das, was ich von Sihanoukville gesehen hatte, gefiel mir auch nicht besonders. Am nächsten Morgen fuhr ich dann mit einem Boot zur Insel Koh Rong. Die Fahrt dauerte gute zwei Stunden und das Meer ließ das kleine Boot schön schaukeln, was nicht allen Backpackern an Bord gut bekam.

Als wir endlich den Anlegesteg erreichten, empfing mich die Insel wolkenverhangen, aber es regnete nicht. Groß ist der „bewohnte Bereich" der Insel nicht, denn das Dorf am Anlegesteg besteht vielleicht aus fünf bis acht Häusern mit kleinen Restaurants und Unterkünften. Ich lief aus dem Dorf heraus, um eine noch abgelegenere Unterkunft zu finden. Es gab dann noch circa vier, fünf kleinere Holzhüttenresorts, manche sogar mit Baumhäusern. Im Letzten fand ich dann eine Hütte für 15 U$-Dollar die Nacht, dafür sogar mit Toilette und kaltem Wasser. Die Hütte war traumhaft, der Preis traumhaft teuer und das Wetter wurde traumhaft schlecht. Es fing an zu regnen.

Wie im Paradies: eine Hängematte, das warme Meer, ein schöner Strand und ein kleines Restaurant direkt vor der Tür. Aber leider fehlte die Sonne. Mein Plan war, hier eine Woche zu bleiben, aber Pläne ändern sich und diesmal war das Wetter daran schuld. Es regnete fast drei Tage durch und so entschied ich mich nach der zweiten Nacht, die Insel zu verlassen, denn auch das Paradies ist im Regen nicht schön. Während einer kurzen Regenpause traf ich Ramona und Marcel, ein Pärchen aus Deutschland, mit denen ich einen Regentag im Restaurant verbrachte. Trotz Regen war die Stimmung gut, denn wir verstanden uns gleich. Marcel war Pilot bei einer großen deutschen Fluggesellschaft und hatte gute Stories auf Lager und Ramona studierte noch. Am Abend erzählte ich ihnen, dass ich, wenn es am nächsten Morgen noch regnen sollte, das Boot um zehn Uhr nach Sihanoukville nehmen würde. Sie meinten auch, dass die Insel zwar schön sei, aber nur im Restaurant zu sitzen wäre ihnen zu langweilig und sie würden sich dies auch überlegen.

Das Wetter blieb stabil schlecht und somit war für mich klar, am nächsten Morgen aus zu checken und an die Anlegestelle zu gehen. Dort wartete ich dann vergeblich auf das Boot. So langsam sickerte durch, dass das Boot in Sihanoukville nicht abgefahren war, weil es einen Motorschaden hatte. Das Positive daran war, dass das Boot am Nachmittag kommen sollte und somit trafen sich alle Gestrandeten in dem Restaurant direkt gegenüber der Anlegestelle. Wie der Zufall wollte, sah ich Ramona und Marcel wieder, die auch nicht von der Insel kamen. Die Zeit bis zum Nachmittag verging fast wie ein Wimpernschlag, da einige Backpacker auf das Boot warteten und es viel zu erzählen gab. Marcel und ich berieten kurz darüber, was wir machen sollten, wenn das Boot nicht käme. Unsere Idee war, einfach auf dem Boden des Restaurants zu schlafen, warm genug war es ja.

Das Boot kam am späten Nachmittag. Die Gesichter der Passagiere waren von der Überfahrt grüngelb gezeichnet. Der Captain der Nussschale meinte, dass er bei diesem Wellengang nicht mehr nach Sihanoukville zurückfahren würde, denn sein Leben wäre ihm lieber. Somit war klar, wir kommen nicht von der Insel. Aber das Gute an Langzeitreisenden ist: Sie haben Zeit. Zeit hatten vier andere Backpacker nicht, denn ihr Flug ging am nächsten Morgen von Sihanoukville. Sie boten dem Captain noch US$ 400 an, aber der lehnte zu meiner Verwunderung dennoch ab.

Somit war klar: Wir brauchten eine Bleibe. Da die Insel jetzt mit den Neuankömmlingen überfüllt war, fragten wir in dem Restaurant nach, ob wir auf dem Boden schlafen könnten. Die Bedienungen meinten ja, der Eigentümer dann nein. Es war bereits dunkel und wir standen ohne Bett da. Aber dann bot uns der Eigentümer doch noch einen Drei-Bett-Bungalow an, den wir gerne nahmen.

Am nächsten Morgen war die See wieder so ruhig wie das Becken im Nichtschwimmerbereich und es ging endlich nach Sihanoukville. Dort nahm ich zusammen mit Ramona und Marcel sofort den Bus nach Phnom Penh.

Unterwegs in Kambodscha – Phnom Penh, Killing Fields, S-21

Wie fange ich nur an? Am besten mit etwas Positivem. Phnom Penh ist die Hauptstadt von Kambodscha und mit ihren 1,5 Millionen Einwohnern eine angenehme Stadt. Für mich persönlich war es super, dass Marcel und Ramona ihre letzten Tage hier mit mir verbringen wollten. Somit hatte ich neue Reisebegleiter für Phnom Penh gefunden. Ein Zimmer war schnell gefunden und danach zog es uns erst einmal in die Stadt. Vorbei am Königspalast ging es an die schöne Promenade des Tonlé Sap River.

Wenn ich daran dachte, dass die Bevölkerung bis 1978 unter der Herrschaft der Roten Khmer gequält wurde, kam mir die Leichtigkeit und Fröhlichkeit der Kambodschaner so unwirklich vor, besonders bei den Älteren. An der Promenade wurde etwas Sport gemacht, kleine Kunststückchen dargeboten oder einfach nur gechillt. Die Atmosphäre hatte rein gar nichts mit meinen Gedanken und Vorstellungen zu tun. Wir setzten uns dazu, schauten dem Treiben zu und freuten uns. So einfach kann das sein!

Als wir so am Ufer des Tonlé Sap River saßen, fragte ich meine zwei neuen Reisebegleiter, ob sie auch das Foltergefängnis S-21 und die Killing Fields besichtigen wollten. Marcel wollte es nicht unbedingt sehen und musste sich auch um seinen Dienstplan kümmern, da ihr Urlaub bald zu Ende war. Somit beschlossen Ramona und ich, uns am nächsten Morgen diese zwei traurigen Gedenkstätten anzusehen.

Zuerst fuhren wir zu den Killing Fields, die ungefähr 15 Kilometer von der Innenstadt entfernt lagen. Ich hatte vorher schon einige Fotos und Berichte in Blogs über diesen Ort gesehen, aber als ich wirklich dort stand, war das Gefühl des Grauens da. Das ging unter die Haut.

Ich hatte mir die Killing Fields anders vorgestellt, jedoch kann ich nicht sagen, wie. Es ist einfach unvorstellbar, dass hier in nur vier Jahren bis zu 200.000 Menschen von den Roten Khmer ermordet wurden. Der Audioguide war im Eintritt inbegriffen und sogar auf Deutsch. Ich lief mit Ramona über die Gedenkstätte und hörte Unglaubliches. Ich sah nach unten auf den Boden und merkte, dass ich über Knochenreste ging. In mir stieg ein ungewohntes Gefühl auf. Ramona und ich verweilten an einigen Stellen und versanken in unseren Gedanken.

Zurück in Phnom Penh holte mich das Grauen im Foltergefängnis S-21 nochmals ein. Einst war es eine Schule, dann wurde das Gebäude in ein totbringendes Foltergefängnis umgewandelt. Nur sieben inhaftierte Menschen überlebten. In dem Museum wurden hauptsächlich Bilder von Opfern und deren Gesichtern ausgestellt, die mich sehr erschütterten. Ich kann einfach nicht verstehen, wie Menschen so werden, dass sie solche Taten verrichten können. Ich war geschockt.

Am letzten Abend liefen wir gemeinsam durch Phnom Penh und fanden ein Restaurant, das eine Art „Hot Pot" anbot. Wir entschlossen uns spontan, dieses Restaurant auszuprobieren, um mal etwas Neues kennenzulernen. Die Bedienungen konnten kaum Englisch und so wurde schon die Bestellung zum Event. Wir schlemmten uns durch die ganzen kleinen Fleischbällchen und sonstigen Zutaten und waren völlig begeistert von diesem Hot Pot.

Angkor – W(h)at....

Angkor Wat war für mich ein Muss – genauso wie in Südamerika der Machu Pichu oder der Nationalpark Torres del Paine. Wie oft hatte ich Fotos davon gesehen und Berichte darüber gelesen und nun war ich da. Mit dem Bus ging es von Phnom Penh direkt nach Siem Reap.

Im Bus saßen genau drei Ausländer: zwei Mädels und ich. Wie es der Zufall so wollte, saßen beide direkt zwei Reihen hinter mir. Schon im Bus hörte ich, dass die Zwei sich auf Deutsch unterhielten. Während der Mittagspause sprach ich sie an, doch sie ließen mich stehen und wollten nichts von mir wissen. „Ja, so kann es sein", dachte ich mir und ließ mir meine Suppe schmecken. Kurz vor Siem Reap kamen wir dann doch noch ins Gespräch. Ich fragte sie, ob sie schon eine Unterkunft hätten, und sie meinten, dass sie an der Busstation abgeholt würden. Als ich sie fragte, ob ich mit ihnen zur Unterkunft fahren könnte, willigten sie ein. Mein kostenloser Transport war somit gesichert. Im Tuk Tuk (eine Art Autorikscha, ein beliebtes Fortbewegungsmittel in Südostasien) erzählten sie mir, dass sie in einem Dorm für U\$ 2,00 übernachten wollten. Ich sah mir ein Zimmer für U\$ 7,00 an, das mir aber nicht zusagte.

Wie es der Zufall so wollte, traf ich die beiden an der Rezeption wieder. Sie wollten nicht in diesem „Drecksloch" schlafen und lieber weiter ziehen. Ich fragte sie, ob wir uns ein Dreibettzimmer teilen wollten, das dann auch nicht viel mehr kosten würde. Wir schauten uns eins an und dies sagte uns zu. Das Zimmer kostete U\$ 9,00 und so zahlten sie vier und ich fünf Dollar. Die Zwei waren Studentinnen und sehr, sehr „lowbudget" unterwegs, da ihnen kurz nach der Ankunft in Bangkok 500 Euro gestohlen wurden. Ich freute mich darüber, dass ich mir Angkor Wat nicht alleine ansehen musste und gleich zwei nette Begleiterinnen hatte.

Ich dachte immer, dass Angkor ein riesiges Wat ist und darum ein paar kleine Tempel zu bestaunen sind. Das war wohl falsch gedacht. Angkor besteht aus:

- Angkor Wat (das riesige Wat),
- Angkor Thom (die Stadt, in der der König wohnte)
- und einigen anderen Tempelanlagen wie Preah Khan, Ta Phrom, Banteay Kdei und vielen kleinen Wats oder Tempeln.

Ich hatte Angkor Wat, Angkor Thom, Preah Khan und Ta Phrom besucht und musste sagen, dass ich völlig reizüberflutet war. Diese Anlagen sind wahnsinnig groß und diese Größe hat mich einfach umgehauen. Es ist für mich nicht begreiflich, wie dies alles zu dieser Zeit gebaut werden konnte. Welche Mittel dahinter gesteckt haben oder wie viele Menschen dafür knechten mussten. Ein Wahnsinn!

Angkor Wat

Angkor Wat hat mich mit seiner Größe beeindruckt, jedoch der Tempel als solches nicht so besonders. Angkor Thom dagegen hat mir sehr gefallen. Es war einfach unglaublich, dass mich bei diesem Besuch der Hausherr, König

Jayavarman VII immer angesehen hat. Sein Gesicht war wirklich immer im Profil oder von vorne zu sehen. Einfach beeindruckend!

Ta Phrom ist ein Tempel und eine Klosteranlage, die auch von König Jayavarman VII erbaut wurden. Das Besondere dabei ist, dass Ta Phrom noch etwas von der Natur beherrscht wird und die Anlage wunderschön von großen Bäumen eingenommen wurde. Hier wurden viele Szenen für einen bekannten Actionfilm gedreht.

Banteay Kdei ist der erste von drei Klosterkomplexen, die König Jayavarman VII erbaute. Dieser Komplex ähnelt Ta Phrom, ist aber etwas kleiner. Zum Glück war dieser weniger besucht als Ta Phrom und daher sehr sehenswert.

Zusammen mit den deutschen Studentinnen Dani und Mia verbrachte ich vier Tage in Siem Reap. Wir kauften uns einen Drei-Tages-Pass für Angkor Wat und mieteten uns als Transportmittel ein Fahrrad für U$ 1,00 pro Tag. Wir radelten zusammen über 100 Kilometer auf den klapprigen Rädern und das bei sehr heißen Temperaturen. Das Schöne an dem Drei-Tages-Pass ist, dass man nicht drei Tage hintereinander die Tempel besichtigen muss, sondern auch mal eine Pause einlegen kann. Am dritten Tag haben wir dann unsere Pause eingelegt und einen Tagesausflug zum gefluteten Wald unternommen.

Kompong Pluk – Der geflutete Wald

Nach zwei Tagen Tempel und Steinen wollten wir eine kleine Auszeit haben und so ging es zum gefluteten Wald nach Kompong Pluk. Die Fahrt mit dem Tuk Tuk dauerte knappe eineinhalb Stunden, bevor wir auf ein kleines Boot umstiegen.

Der Clou ist, dass der See „Tonle Sap" in der Trockenzeit nur 2.700 km² groß und das Wasser fast komplett verdunstet ist. Zu dieser Zeit ist es bestimmt ziemlich langweilig dort. Während der Regenzeit verwandelt sich die Gegend jedoch in einen riesigen See, der dann bis zu 16.000 km² groß ist und die Bäume blinzeln aus dem Wasser heraus. Diese Wassermassen sind sehr beeindruckend, da sie an manchen Stellen den Anschein haben, als würden sie bis zum Horizont reichen. Das Wasser ist zu dieser Zeit dann bis zu drei Meter tief und die Häuser stehen auf Stelzen, damit sie nicht untergehen. Der Ausflug war ein schöner Kontrast zu Angkor Wat. Ich kann die Tour nur empfehlen, denn danach hatte ich wieder ein besseres Auge für die Schönheit der Tempelanlagen.

Goodbye, South East Asia – Ich hab mich wohlgefühlt!

Goodbye, South East Asia

Wie die Zeit mir plötzlich durch die Finger rann! Auf den Tag genau nach fünf Monaten verließ ich Südostasien. Es war für mich die erste Berührung mit diesem Kontinent und während ich diese Zeilen schreibe, denke ich mit feuchten Augen an eine wunderbare Zeit zurück. Ich habe tolle Menschen – Einheimische und Reisende – kennengelernt und Freundschaften geschlossen. Ich möchte an dieser Stelle keine oder keinen hervorheben. Mir bedeuten alle sehr viel!

Die Frage „Wo hat es dir denn am besten gefallen?" wird mir sehr oft gestellt. Um die Antwort würde ich mich immer gern drücken, aber es gibt kleine Favoriten.

In Indonesien habe ich mich sehr wohl gefühlt. Die Menschen waren nicht aufdringlich (Touristen-Bali ausgenommen). Die Tempel, die Strände und die Landschaften waren sehr schön. Das Essen war lecker, beschränkte sich jedoch meistens auf Mee Goreng und Nasi Goreng. Danach folgt Vietnam. Aber ich habe während meiner Motorradtour eine vietnamesische Gegend bereist, in der es kaum touristische Einflüsse gab. Dies hatte zur Folge, dass ich nur gastfreundliche Vietnamesen kennengelernt habe. Als ich mein Monatsvisum im Pass hatte, dachte ich erst: „Was soll ich dort nur so lange machen?" Dann hätte ich locker noch zwei, drei Wochen länger bleiben können. Myanmar ist das nächste Land, das mich beeindruckt hat, besonders Bagan und der Inle-See. Das Land wird sich hoffentlich weiter öffnen, was ich jedem Burmesen nur wünschen kann. Jedoch wird der Tourismus seine Spuren hinterlassen und die Authentizität wird dadurch bestimmt verloren gehen. Thailand möchte ich noch kurz erwähnen, da ich dort die längste Zeit verbracht habe. Thailand ist easy going zu bereisen, die Inseln im Süden schön und das Essen ist klasse.

Auf Streifzug durch Hong Kong und Umgebung

Hong Kong – Alles etwas größer…

Südostasien war Vergangenheit, jetzt ging es Richtung China. Hong Kong ist ein perfekter Einstiegsort für China. Erstens war es bis 1997 eine britische Kronkolonie, bevor es an die Volksrepublik China zurückfiel. Deshalb wird hier sehr gutes Englisch gesprochen, was die Verständigung für mich recht einfach machte. Zweitens kommen viele Reisende hierher, da man in Hong Kong leichter ein Visum für China beantragen kann. Das brauchte ich jedoch nicht, da ich meins schon in Bangkok beantragt hatte.

Am Flughafen merkte ich schnell, dass in Hong Kong andere Maßstäbe gesetzt werden. Schon der Linienbus in die Stadt war ein Doppeldecker. Die Fahrt vom Flughafen zu meinem Hostel dauerte eine gute Stunde. Und dabei dachte ich immer, dass Hong Kong nur aus einer Stadt besteht. Ich hatte das Gefühl, dass der Weg in die Stadt mich quer über die komplette Halbinsel führte, jedoch genoss ich die Fahrt. Plötzlich wichen die Hafenanlagen und Hochhäuser ragten aus dem Boden wie Grashalme auf der Wiese. Dicht an dicht, eins neben dem anderen – so hatte ich mir Hong Kong immer vorgestellt.

Mein Hostelzimmer lag dann in einem der Hochhäuser und zwar im 14 oder 16 Stockwerk. Das Zimmer war mit neun Betten so vollgestellt, dass mein kleiner Rucksack kaum noch auf den Boden passte. Platz ist in dieser Stadt Mangelware. Die Metrostation Fortress Hill lag nur drei bis vier Minuten entfernt und so konnte ich die Stadt leicht erkunden. Ich hatte mir vorgenommen, fünf Tage hier zu bleiben und davon einen Tag nach Macau zu fahren.

Als erstes besorgte ich mir eine Octupus Card an der Metrostation. Mit dieser Karte musste ich mir nicht jedes Mal eine neue Fahrkarte kaufen, sondern lud die Karte mit Geld auf und konnte dann direkt bargeldlos den Nahverkehr nutzen. Ich bin fasziniert von den überdimensionalen Metrostationen. Im Vergleich mit den U-Bahn-Stationen in Frankfurt sind sie fast wie kleine Städte.

Am ersten Abend ging ich zusammen mit meinem Bettnachbarn dann zur Avenue of Stars, um von dort aus die Promenade weiter bis zum Clock Tower zu laufen. Schon als ich aus der Metro ausstieg, ging fast nichts mehr. Menschen über Menschen! Erst jetzt bekam ich mit, dass heute der Nationalfeiertag zur Gründung der Republik China (1.Oktober) und somit der Start der "Goldenen Woche" war. So liefen wir bis an die Promenade und stellten uns zu den vielen Chinesen, die auf das Feuerwerk warteten. Ein wundervolles Feuerwerk vor der Skyline von Hong Kong machte diesen Abend zu einem unvergesslichen Ereignis.

Der Reiz der Stadt beginnt ab Sonnenuntergang, wenn die bunten Lichter in den hunderttausenden Skyscrapern anfangen zu leuchten und die Stadt zu einem illuminierten Kunstwerk wird. Die tägliche Lasershow an der Promenade sollte man sich nicht entgehen lassen, auch wenn ich sie mir ein wenig cooler vorgestellt hatte.

Die Tage in Hong Kong wurden nicht langweilig. Es gibt so viel zu sehen und die Stadt ist so groß. So lief ich durch die Straßen, die Märkte und die Shoppingmalls, fuhr Bus, Straßenbahn und Metro und genoss die Tage der Großstadt. Aber Eins ist noch ein absolutes Muss in Hong Kong: der Besuch des Victoria Peak.

Ich hatte mir vorgenommen, am Nachmittag gegen 16 Uhr hoch auf den Victoria Peak zu fahren. Als ich bei meinem ersten Versuch an der „Peak Tram" ankam und die Schlange an Touristen sah, wurde mir schnell klar, dass ich nicht bei Sonnenschein, sondern erst nach Einbruch der Dunkelheit oben sein würde. So entschied ich mich, mich am nächsten Tag einfach früher aufzumachen.

Am Tag darauf fuhr ich dann schon gegen 14 Uhr mit der Bahn hoch, um dort ein wenig herumzulaufen. Ich genoss die Aussicht über Hong Kong und enterte dann die Aussichtsplattform des Peak Tower. Hier stand ich dann so gegen 16.30 Uhr und wartete fast zwei Stunden auf den Sonnenuntergang. Das Warten hatte sich gelohnt, denn ansonsten hätte ich nicht so einen guten Platz direkt am Geländer bekommen. Die Sonne sank und der Vorhang öffnete sich – Hong Kong fing an zu leuchten!

Blick auf Hong Kong vom Victoria Peak

Kleiner Tipp: Wer nicht mit der überteuerten Peak Tram fahren will, der kann auch mit dem Bus recht günstig auf den Victoria Peak kommen. Mit dem CityBus Buslinie 15 (nicht mit der Buslinie 15c) geht es bis zum Gipfel. Die Fahrt dauert mindestens 40 Minuten. Jedoch kann es wegen Baustellen oder dichtem Verkehr auch noch weitaus länger dauern. Ich habe diesen Tipp damals leider erst einen Tag später bekommen.

Ein Hauch von Las Vegas – Macau, die Spielhölle der Chinesen

Von Hong Kong ist es nur einen Katzensprung rüber nach Macau. Ich fuhr zum Fährterminal und kaufte mir ein Ticket. Die Überfahrt dauerte knapp eine Stunde. Da Macau wieder eine andere Sonderverwaltungszone von China ist, gab es schnell einen Ausreisestempel von Hong Kong und einen Einreisestempel von Macau. In Macau am Fährterminal warteten schon private Taxifahrer auf die Touristen. Mich sprach ein junger Mann an und wir kamen ins Gespräch. Sein Angebot schlug ich erst aus, aber als der Preis dann plötzlich akzeptabel wurde, sagte ich zu. Von dem Fährterminal ging es erst einmal an der Kun Iam Ecumenical Centre Statue vorbei, bevor wir weiter zum Macau-Tower fuhren. Der Macau-Tower ist gerade mal 338 Meter hoch und somit nur 7 Meter höher als unser Fernsehturm in Frankfurt. Jedoch ist unser Turm im Jahr 1979 in die Höhe gewachsen

71

und der Macau Tower wurde 2001 fertiggestellt. Ehrlich gesagt hatte ich mir einen etwas höheren Turm vorgestellt, dafür war die Aussicht sehr gut.

Weiter ging es zur Ruine von St. Paul, die einst eine Kirche gewesen war. Sie brannte 1835 nieder und es blieb nur noch die schöne Fassade stehen, die im Jahr 2005 zum Wahrzeichen von Macau ernannt wurde. Danach brachte mich der Fahrer noch zum Mong Há Fort, bevor er sich verabschiedete. Für die Fahrt hätte ich auch besser den Bus genommen, aber im Nachhinein ist man ja immer schlauer. Das Mong Há Fort bot mir dann etwas Schatten und eine schöne Aussicht über die Altstadt. Von dort aus lief ich in Richtung der alten Spielcasinos. Besonders gut gefallen hat mir das alte Grand Lisboa Casino, denn es versprüht den Charme aus einer vergangen Zeit. Fotografieren ist in den Casinos strengsten verboten. Sobald man seine Kamera zückte, stand schon jemand hinter einem. Die Security-Männer waren stets nett, aber konnten nicht jedes Foto verhindern.

Casino in Macau

Die Chinesen sind wirklich spielsüchtig und scheinbar soll das niemand mitbekommen. 2012 hat Macau Las Vegas als Glückspiel-Metropole um Meilen abgehängt. Es wurden 30 Milliarden an Gesamteinnahmen verbucht. Das war sechsmal so viel wie in Las Vegas. Für mich unbegreiflich, da ich beim Laufen durch die Casinos mehr auf die gestressten Chinesen als auf die Spieltische achtete. Mein

Laster wird es wohl (zum Glück) nie werden. Auf dem Weg zwischen den Casinos merke ich aber, dass sich Macau überhaupt nicht von Las Vegas unterscheidet. Wie in Las Vegas fand ich auf den Gehwegen die Flyer von jungen Damen, die ihre Dienste gegen den Gewinn des Casinos anboten. Vor manchen Casinos standen die Damen dann auch direkt davor und warteten auf ihre Kundschaft.

Werbung wie in Las Vegas

Weiter ging es dann von Macau mit dem Casino-Shuttle-Bus auf die kleine Insel Macau-Taipa. Hier wurde noch fleißig gebaut und Platz war auch noch da. Hier erinnerte mich dann wirklich alles an Las Vegas. Hard Rock Cafe, The Venetian, City of Dreams ... Ich sah mir die Stadt in der Dunkelheit an und wie immer war ich beeindruckt von dem Lichterspiel. Heim ging es dann wieder mit dem kostenlosen Shuttlebus zum Fährterminal auf Taipa und dann mit der letzten Fähre zurück nach Hong Kong.

Macau-Taipa

China – der erste Kontakt

Von Hong Kong ging es mit dem Flieger ins richtige China – genauer gesagt nach Shanghai. Am Flughafen musste ich mich erst einmal orientieren, um weiter zu kommen. Die englischen Beschriftungen waren zwar vorhanden, aber doch recht klein geschrieben. In Shanghai wollte ich vorerst nicht bleiben. Ich musste in den nächsten Tagen sowieso wieder hierher, da ich Besuch aus Deutschland erwartete. Mit der Metro fuhr ich dann zum Bahnhof Hongqiao Railway Station, um von dort weiter nach Suzhou zu kommen.

Jetzt kam der erste spannende Moment: Ich stand an, um mir eine Fahrkarte zu kaufen. So spannend wie es noch in der langen Schlange war, war es dann gar nicht mehr, als ich dran war. Ich hatte mich an dem Schalter angestellt, an dem das Schild „Ticket sale window for forein people" dran stand. Der nette Bahnangestellte sprach dann soviel Englisch, dass er mich ohne Probleme verstand und mir auch gleich die Fahrkarte verkaufte.

Ich war schon ein wenig verblüfft, dass das so einfach ging. Und da sich mein Magen meldete, versuchte ich dann gleich das Ganze noch einmal in einer Art Fastfood-Restaurant für Chinesen. Hier wurde es nun spannender, denn niemand sprach Englisch. Ich deutete auf die Bildchen, die wir auch hier bei McDonalds über den Tresen haben, und die Verkäuferin lachte sich schon schlapp. Nach ein paar Minuten hatte ich dann mein Tablett voll mit … ja nur mit was?

Fastfood Restaurant

Nach der Devise „nicht fragen, sondern essen" fing ich an. Das Einzige, was ich ganz klar erkennen konnte, war der Reis. Beim Fleisch konnte ich nicht erkennen, von welchem Tier die ganzen Kochen waren, denn es waren fast nur Kochen und gekochte Haut drin. Das Grünzeug war dann auch nicht so besonders lecker. Auf Brokkoli und Wirsing stehe ich nicht so. Der Reis mit der Sauce linderte dann wenigstens meinen größten Hunger und über den Nachtisch dachte ich, dass es eine Art Pudding wäre. Das war aber weit gefehlt, denn das „Gelbe" schmeckte etwas nach Gemüsebrühe und die Konsistenz ging eher in Richtung Béchamel. Also nicht lecker und so blieb sie dann auch stehen.

Mein erstes chinesisches Essen

Übrigens, wer sich vorab im Internet über Zugrouten und Fährplane informieren möchte, kann dies gut unter http://de.chinatrainguide.com/ machen.

Suzhou – Die Stadt der schönen Gärten

Warum Suzhou und warum die Stadt der schönen Gärten? Ganz einfach: Es gibt mindestens 13 große chinesischen Gärten und darunter sind die schönsten in ganz China. In ganz Suzhou soll es sogar 60 Gärten geben, aber ich beschränkte mich auf den Besuch von einem Garten, denn Suzhou gilt des Weiteren auch als Venedig von China.

Suzhou ist nur einen Katzensprung von Shanghai entfernt. Die circa 70 Kilometer sind schnell mit dem chinesischen ICE überwunden. Da mir 13 große Gärten zu viel waren, entschloss ich mich, nur einen zu besichtigen und danach durch die Stadt zu laufen. Die Wahl des Garten fiel dann auf den 1997 von der UNESCO zum Weltkulturerbe ernannten „Humble Administrator's Garden", denn er soll der viertschönste Garten in ganz China sein. Vor dem Garten sprach mich jemand an, ob ich einen Guide möchte, der Englisch kann, da die kostenlosen Guides nur Mandarin sprechen. Ich lehnte freundlich ab, da mir der Preis dafür zu hoch war, und kaufte mir die Eintrittskarte.

Kurz darauf im Garten sprach mich eine junge Frau an und fragte mich, ob sie mir den Garten erklären dürfe. Wir kamen kurz ins Gespräch und dabei erzählte sie mir, dass sie ein Tourguide für die Gärten in Suzhou sei, allerdings nur eine Erlaubnis für Mandarin hätte. Da es aber so viele Tourguides in der Landessprache gäbe, möchte sie jetzt ihr Englisch verbessern, um dann die Prüfung in Englisch zu bestehen. Sie möchte kein Geld von mir, sondern nur ein Feedback, was sie noch verbessern kann. Nicht nur, dass ich jetzt einen kostenlosen Guide habe, es begleitet mich nun auch eine junge hübsche Frau durch den Park – was will ich mehr?

Sie erzählte mir Geschichten über die Gebäude, deren Namen und ihre Entstehung. Was ich interessant fand, war, dass der Garten in seiner jetzigen Größe und Form aus vier einzelnen Gärten entstanden ist. Aus diesem Grund ist jeder Bereich des Gartens auch etwas verschieden. In den Garten sind viele große Steine integriert, die damals von weither gebracht werden mussten. Die Besitzer der Gärten müssen sehr wohlhabend gewesen sein, denn dieses Unterfangen war sehr kostspielig. Es dauerte circa 16 Jahre, bis der Garten dann fertig gestellt wurde.

Sehr gut gefallen hat mir der Bonsai-Garten. Das Schöne an dem Erkunden des Gartens war, dass aus jeder anderen Sichtposition das Auge etwas Neues findet. Allerdings dauerte es schon eine Stunde, bis sich das Auge daran gewohnt hat. Die Unterstützung meiner Begleitung half dabei auch, denn sie brachte mich erst darauf, auf gewisse Kleinigkeiten zu achten.

Leider war der Garten zu gut besucht, da die Ferienwoche in China noch nicht zu Ende war und durch die vielen chinesischen Touristengruppen keine Ruhe einkehren wollte. Nach drei Stunden des Staunens hatte ich genug Garten gesehen und verabschiedete mich von meinem Guide. Wir setzten uns kurz hin und ich stellte ihr ein gutes Zeugnis aus, denn ihr Englisch war super, selbst die Aussprache. Ich hatte immer verstanden, was sie mir erklärte und war sehr zufrieden. Mein angebotenes Trinkgeld schlug sie ebenso aus wie die Einladung zum Kaffee.

Ich hatte oben ja bereits angedeutet, dass Suzhou auch das Venedig des Ostens bzw. Chinas genannt wird. Vom Garten war es nicht weit bis zur schön angelegten Touristenaltstadt. Auf dem Weg gab es dann das erste Mal richtige Wan Tans in einem einheimischen Lokal, die richtig lecker waren. Die Altstadt war wunderschön mit den kleinen Kanälen, auf denen so mancher Tourist herumgeschippert wurde. Hier durfte ich auch den ersten Kontakt mit den chinesischen Touristengebieten machen, wo mich alles ein wenig an Disneyworld erinnerte. Die Chinesen lieben es, durch angelegte Welten zu laufen, auch wenn es in den früheren Zeiten offensichtlich nicht so aussah.

Die Promenade erweckte mein Interesse, denn hier gab es viel zu sehen. Ich lief diese als erstes einmal komplett ab, um einen Überblick zu bekommen. So groß ist sie zwar nicht, aber neben Zuckerguss-Künstlern und einem Schießstand gibt es auch noch Souvenirs, ganz traditionell oder auch lebendig, wie zum Beispiel Skorpione, Spinnen oder kleine Echsen. Tierschutz gibt es nicht, so kam es mir vor. Ich setzte mich an die Promenade und bestellte mir eine Thermoskanne mit heißem Wasser und dazu ein Glas Grünen Tee. So saß ich über eine Stunde direkt an der Promenade und beobachtete die Chinesen bei ihrem Treiben.

An diesem Tag fiel mir auch auf, dass die Motorradroller gar keinen Lärm machten. Hier fuhren nur Elektroroller, die fast lautlos an mir vorbeibrausten. Es war zwar eine Wohltat für die Ohren, jedoch empfand ich es auch als gefährlich. Man hört diese Roller nicht, wenn man mal einen Schritt nach links oder rechts macht. Ich musste schon etwas mehr aufpassen. Abends war ich dann noch im Supermarkt einkaufen und siehe da, dort standen die E-Roller zum Verkauf und kosteten gerade mal ein Viertel von dem Preis in Deutschland.

Shanghai – Moderne Stadt seit 1990

Besuch aus der Heimat – Nach zehn Monaten sah ich wieder ein bekanntes Gesicht aus Frankfurt. Im Vorfeld meiner Reise fragten immer wieder Freunde: „Wollen wir uns nicht irgendwo treffen und dann drei Wochen zusammen reisen?" Aus Erfahrung wusste ich jedoch, dass die meisten das zwar gerne sagen, aber sicher nicht in die Tat umsetzen würden. Außerdem hätte ich durch zu viele „Urlaubsverabredungen" meine Freiheit verloren, da ich dann gezwungen wäre, meine Route immer genau so einzuhalten. Hier war es jedoch schon recht einfach für mich, das alles zeitlich und organisatorisch unter einen Hut zu bekommen. Da ich bei der Visumbeantragung ein konkretes Datum und eine Flugbuchung vorlegen musste, konnte ich das mit meinem Travelbuddy Oli gut im Vorfeld klären und er konnte seinen Flug dementsprechend buchen.

Ich habe gelernt, dass ich selbst mit guten Freunden nicht mehr zusammen reisen möchte, da es sehr oft zu Problemen kommt. Es ist wichtig dabei, dass der Reisepartner tolerant ist und dieselbe Einstellung zum eigenen Reisestil hat. Da ich mit Oli schon einige Reisen unternommen hatte, wusste ich, dass es mit ihm die nächsten drei Wochen keine Probleme geben würde, was dann auch so war.

Ich fuhr zum Airport in Shanghai und holte Oli direkt dort ab, da ich bereits im Shanghai Captain Youth Hostel direkt am „The Bund" gebucht hatte. Zurück in die Stadt ging es dann mit dem Transrapid und die Fahrt war wirklich super. Es ist eine Schande, dass diese Technik in Deutschland nicht umgesetzt wird. Diese High-Tech-Eisenbahn ist eine gute Überleitung, um noch mal auf den Titel des Kapitels „Shanghai – moderne Stadt seit 1990" zurückzukommen.

Bis 1990 musste Shanghai noch wirklich eine kleine Provinzstadt ohne Flair und Hochhäuser gewesen sein. Seitdem ist die Stadt in einem rasanten Tempo gewachsen, ungefähr so schnell wie uns der Transrapid befördert hat. Es ist beeindruckend, wie schnell die Skyline-Kulisse am Bund gewachsen und die Skyscraper in die Höhe geschossen sind.

Abends zog es uns immer wieder die paar Schritte vom Hostel an den Bund. Zum Glück gab es einen kleinen Supermarkt direkt neben dem Hostel, sodass wir uns ein paar Bierchen mit an die Promenade nehmen konnten. Bei Einbruch der Dunkelheit begann dann das Spektakel der Illumination und das Lichtermeer spiegelte sich im Huangpu-Fluss wieder. Es war verrückt, den sich bewegenden Lichtern zu folgen.

Shanghai vom "The Bund" aufgenommen

Bei unserem Streifzug durch Shanghai entdeckten wir, dass überall in der Stadt neue Hochhäuser entstanden. Obwohl die Stadt jeden Tag wächst, kommt sie noch nicht an die Kulisse von Hong Kong ran, aber das wird wohl nur noch eine Frage der Zeit sein. Der Weg führte uns in das Viertel „Französische Konzession", vorbei am „Stadtgott-Tempel" und der „Shanghai Urban Planning Exhibition Hall", um pünktlich zum Sonnenuntergang das „Shanghai Financial Center" zu erklimmen. Die 100 Stockwerke des „Flaschenöffners", wie der Wolkenkratzer im Volksmund genannt wird, wurden Dank Aufzug und Rolltreppen leicht überwunden.

Die Aussicht war großartig. Kein Smog oder gar eine Wolke verdeckte uns die Sicht und es kam mir vor, als würde das Lichtermeer kein Ende nehmen. Interessant waren die in den Boden eingelassenen Fenster, auf denen man stehen und nach unten schauen konnte. Die Chinesen trauten sich jedoch nicht darauf und fanden es lustig, dass ich sogar auf den Fenstern herum sprang. Nachdem ich einen Chinesen an die Hand genommen und ihn mit drauf gezogen hatte, sprangen wir zusammen herum und das Eis war gebrochen. Freudestrahlend standen jetzt die Chinesen auf den kleinen Fenstern, sprangen herum und freuten sich wie kleine Kinder. Das war ein schönes Bild!

Nanjing – Zweitgrößte Stadt der Ostküste

Von Shanghai ging es weiter nach Nanjing, die Provinzhauptstadt von Jiangsu. Die Stadt lockte uns mit einigen Sehenswürdigkeiten. Besonders zwei wollten wir uns unbedingt ansehen: die angeblich weitestgehend erhaltene Stadtmauer der Ming-Dynastie und die Gedenkstätte des Nanjing-Massakers.

Zuerst besuchten wir die Gedenkstätte, die uns mit dem etwas makabreren „AAAA National-Tourist-Attraction" angekündigt wurde. Immerhin wird hier 300.000 Menschen gedacht, die 1937 bei dem Massaker von den Japanern umgebracht wurden. Das Gelände war riesig und die Ausstellung sehr propagandamäßig dargestellt. Danach ging es mit der Metro und dem Tuk Tuk, einer Autorikscha, zur Stadtmauer und dem angrenzenden Park. Wie immer war auch hier die Anlage sehr schön und wir liefen die Mauer ein ganzes Stück entlang und verweilten eine Zeit in dem Park. Abends erkundeten wir dann die Innenstadt und besuchten den Konfuzius-Tempel, der mit seinen Jadesteinbildern das echte Highlight von Nanjing ist.

Konfuzius-Tempel in Nanjing

Neben unserem Hostel gab es ein großes Hotel, das auch Fahrkarten verkaufte. Wir nutzten diesen Service, um nicht extra zum Bahnhof fahren zu müssen. Die sehr gut englischsprechende Mitarbeiterin bejahte zweimal, dass der Zug vom Südbahnhof abgehen wird. Morgens um 7 Uhr standen wird dann an jenem Ort und durften feststellen, dass sie uns den falschen Bahnhof genannt hatte. Nun waren wir gezwungen, uns noch ein Ticket zu kaufen, das viermal so teuer war. Da wir schon mehrmals ein paar falsche Informationen erhalten hatten, beschlossen wir, ab jetzt unsere Fahrkarten nur noch direkt an den Bahnhöfen zu kaufen.

Qingdao – Auf den Spuren deutscher Kolonialherrschaft in China

Geschichte war und ist jetzt nicht so mein Steckenpferd, aber auf einer Reise lernt man halt immer dazu und so ist es auch mit deutscher Geschichte. Ich habe zum Beispiel nicht gewusst, dass wir Deutsche von 1897 bis 1914 ein „Deutsches Schutzgebiet Kiautschou" hatten und das Qingdao (deutsch: Singtau oder Tsingtao) die Hauptstadt war. Dieses „Schutzgebiet" wurde nicht ganz freiwillig von den Chinesen abgetreten, die damalige militärische Überlegenheit der Preußen war zu groß. Aus diesem Grund wurde ein Pachtvertrag (wie bei Hongkong und Macau) auf 99 Jahre abgeschlossen. Anfang des 1. Weltkrieges wurde der Pachtvertrag jedoch auf „militärischen Druck" an die Japaner übergeben, es waren zu wenige Soldaten da, die das Schutzgebiet hätten verteidigen können. Jetzt genug von Geschichte und zurück zum Hier und Jetzt.

Seit ich kurz nach Weihnachten Deutschland verlassen hatte, fühlte ich mich in Qingdao zum ersten Mal richtig heimisch. Das begann schon im Bahnhofsgebäude. Oli und ich liefen durch die Straßen und ein Gefühl von Asien will nicht aufkommen. Die ganzen prachtvollen Fachwerkhäuser, manche sogar mit Reetdach, deckten alle Baustiele von der Nordseeküste bis zu den Alpen ab. Besonders die Christuskirche sah von außen sehr schön aus. Auf dem Platz vor der Kirche standen ein Dutzend Brautpaare und jedes hatte ein komplettes Fotografenteam dabei. Es war schon sehr lustig anzusehen und dazu kam noch eine Hochzeit, bei der das Brautpaar standesgemäß mit einem 3er BMW Cabrio vorfuhr. Aber so ist es wohl, in der ehemaligen deutschen Kleinstadt. Die Stadterkundung endete dann an der Strandpromenade.

Auf dem Rückweg zum Hostel ließen wir uns vom Taxifahrer zu dem Highlight von Qingdao fahren: der deutschen Brauerei. Da wir das Tsingtao-Bier schon täglich seit Shanghai zu uns nahmen, wollten wir jetzt auch die Brauerei und das Biermuseum besichtigen. Die Besichtigung war ganz nett und zur Belohnung gab es dann noch zwei Biere in der Brauerei.

Ein echtes Produkt aus Deutschland auf der Bank

Der kleine Abstecher hat viel Spaß gemacht. Die Stadt vermittelte mehr einen europäischen als einen asiatischen Eindruck und ich konnte die Einflüsse aus dem letzten Jahrhundert gut erkennen. Den Besuch der Stadt für einen Tag würde ich jedem empfehlen, denn es ist mal ein schöner Kontrast.

Nördliches China – Paläste, Mauern und Smog

Peking – Die Stadt der Überwachungskameras

Seit ich in China war, begleiteten mich überall Überwachungskameras. In den U-Bahnen, in den Bahnstationen, auf dem Gehweg, auf der Straße. Es gab sie einfach überall und ich hoffte, dass Big Brother wenigstens das Klo in Frieden ließ.

In Peking jedoch übertraf die Überwachung der Straße und der Bevölkerung einfach alles. Hier gab es bestimmt mehr Überwachungskameras als Einwohner und Touristen zusammen. Das ist einfach nur verrückt, aber wenn ich darüber nachdenke, komme ich zu dem Schluss, dass die Regierung – oder besser gesagt die Partei – vor ihrem eigenen Volk einfach nur die Hosen voll haben muss. Auf dem „Platz des Himmlischen Friedens" sind die Kameras einmal sichtbar und dann noch einmal integriert in den Straßenlaternen, die auch als Flutlichtanlagen her halten können.

Wir kamen am späten Nachmittag an und es regnete leicht. Unser Hostel war schnell gefunden, da es direkt am Lama Temple lag und es dort auch eine Metrostation gab. Unser Mehrbettzimmer war nicht groß, aber sauber und kalt. So zog es uns schnell wieder nach draußen und wir fuhren kurzerhand ein paar Stationen mit der U-Bahn zum Eingang der Verbotenen Stadt. Den Abend verbrachten wir in einem kleinen Restaurant in der Nähe des Hostels und aßen das erste Mal 1000-jährige Eier, die zu unserer Verwunderung sogar noch schmeckten.

Der „Platz des Himmlischen Friedens" ist der größte öffentliche Platz der Welt mit 440.000 m² und nicht besonders schön. Die Menschenmassen (Chinesen) drückten sich über den Platz, um entweder am Mausoleum für Mao anzustehen oder auf der anderen Seite ein Foto vor dem Eingang zur Verbotenen Stadt zu machen. Um auf den Platz zu gelangen, musste erst einmal angestanden werden. Jeder musste durch eine Art Schleuse wie am Flughafen. Wir, die Touristen, wurden nur oberflächig abgesucht, aber die Einheimischen mussten praktisch die Hose runter lassen. Die Taschen und Tüten wurden durchsucht, obwohl sie vorher durchleuchtet wurden. Ich hatte das Gefühl, dass der Aufstand von 1989 noch heute in den Knochen der Sicherheitsleute steckt.

Verbotene Stadt Peking

Vom Tian'anmen-Platz ging es dann direkt in die „Verbotene Stadt". Der Eingang war in Sichtweite und die Erwartungen waren groß. Das Gelände war riesig und wenn ich daran dachte, dass diese „kleine Stadt" mitten in Peking liegt, war das einfach unvorstellbar.

Vom Haupteingang aus durchliefen wir die Empfangshallen und Plätze der damaligen Kaiser und erreichten dahinter die kleinen Gassen der Verbotenen Stadt. Ich hatte das Gefühl, dass hier vieles renovierungsbedürftig war. Aber es war schon sehr interessant. Was mich am meisten faszinierte, waren die kleinen Details an den Dächern, Fliesen und Türen.

So groß die Verbotene Stadt auch ist, nach gut zwei Stunden ist man durch. Aber Peking hat ja noch einiges zu bieten. Wir gingen weiter zum „Sommerpalast" und ich war enttäuscht. Der Sommerpalast war wieder ein XXL-Gelände und brachte mit seinem riesigen See und Grün seinen Besuchern im Sommer bestimmt etwas frische Luft. Direkt nach der Verbotenen Stadt war er allerdings nicht mehr so aufregend.

Oli war noch fit und der Tag noch lange nicht zu Ende. Wir fuhren in den Pekinger Zoo, der auch sehr schön sein soll. Ich nehme es mal vorweg: der Zoo war nicht schön, sondern wirklich schön schrecklich! Ich hatte selten in meinem

Leben so heruntergekommene Gehege gesehen. Kaum Grün und wenn, dann war es nur Farbe auf Beton. Bei den Elefanten kamen mir die Tränen. Wenn ich an Afrika dachte, wo sich diese stolzen Tiere in der Savanne bewegen, und hier konnte sich ihr Artgenosse noch nicht einmal in seinem Käfig herumdrehen.

Der Kopf wackelte apathisch und ich musste weg. Das konnte ich nicht mit ansehen. Die Pandabären hatten es etwas besser, aber selbst diese Gehege waren völlig heruntergekommen. Dafür dass in dieser Stadt überall alles vom Feinsten ist, wird der Zoo total vernachlässigt und das, obwohl er circa 8 Millionen Besucher pro Jahr hat. Der Besuch war ein Flopp und ich kann nur jeden bitten, niemals den Zoo in Peking zu besuchen.

Kulinarisch versuchten wir uns dann am Hot Pot und natürlich an der Pekingente. In unserem kleinen Restaurant um die Ecke fragten wir nach, ob sie uns dort eine Pekingente machen würden. Die Antwort kam prompt: „Nein". Aber er sagte uns, dass eine richtige Pekingente nur spezielle Restaurants machen würden. Er gab uns dann die Anschrift des Restaurants, zu dem er selber immer ging. Somit hatten wir den perfekten Insider-Tipp und der Pekingente stand nichts mehr im Weg. Sie war ein Genuss und ein kulinarisches Highlight meiner gesamten Reise.

Somit verblieb noch der Hot Pot. Und wie durch Zufall sollte es auch ein gutes Restaurant sein, aber überzeugt hat uns das Ganze nicht. Es war nicht so scharf wie erwartet, sondern eher fad. Außerdem war der Service nicht gut, sodass der Hot Pot ein großer Reinfall war.

Während der zweieinhalb Tage Aufenthalt in Peking wurden wir mit Sonne pur beschenkt und ein Einheimischer meinte, dass es nur circa 20 Sonnentage im Jahr gibt. Den Rest des Jahres verschluckt der Smog der Stadt die arme Sonne. Nach den letzten Monaten war es mit circa 14 Grad leider ziemlich kalt für mich und ich fror wie ein Schneider.

Die große Mauer in Jinshanling

Die große Mauer ist ein Highlight, wenn nicht sogar *das* Highlight von China. Von Peking aus können verschiedene Mauerabschnitte besucht werden und einige sollen total überlaufen sein. Da ich kein Interesse hatte, eine Tour mitzumachen, hatte ich mich vorab informiert und den Abschnitt bei Jinshanling gefunden.

Die Fahrt zur Mauer nach Jinshanling war unkompliziert. Bevor es aber auf der Mauer losging, stand uns der Aufstieg bevor. Ungefähr eine halbe Stunde mussten wir laufen, bis wir den ersten Tower und somit den Anfang unser kleinen Wanderung erreichten. Das Wetter zeigte sich von seiner schönsten Seite, auch wenn es morgens bitterkalt war.

Wir waren erst einmal etwas verwundert, denn auf dem ersten Kilometer begegneten wir einer deutschen Reisegruppe, die mit uns lief. Am zweiten Turm trennte sich dann aber die „Touristenspreu". Die „Neckermänner" mussten wieder zurücklaufen. Ab da hatten wir die Mauer fast für uns allein und es war herrlich. Der Weg war kein Wanderweg, es war eher ein Treppenlauf über Bergkämme. Die Mauer war an manchen Stellen perfekt restauriert und dann gab es wieder Abschnitte, an denen nur noch lose Steine herumlagen.

Auf der einen Seite lag das damalige China und auf der anderen Seite das Land der Mongolen, vor denen die Mauer China schützen sollte. Die Landschaft, die Farbenpracht der herbstlichen Laubbäume und die weite Fernsicht machten das Erlebnis „Die große Mauer von China" zu einem meiner Highlights dieser Weltreise. Einfach wunderschön …

Die Mauer bei Jinshanling – „East Tower with the five holes"

Mein Tipp zur Besichtigung auf eigene Faust:

Für alle, die die große Mauer besuchen wollen, hier eine kleine Hilfe: Von Peking ab „Dongzhimen transit hub" erreichbar mit Subway No.2. Mit dem Expressbus 980 (einfache Fahrt 15 RMB / Stand Oktober 2012) geht es von dort weiter bis nach Miyun. Dem Busfahrer einfach sagen „Miyum – Great Wall" und er wird einen dann auf der Straße rauswerfen. Dort warten schon private Taxis. Wir haben zu zweit 250 RMB für die Fahrt nach Jinshanling bezahlt. Der Fahrer hat uns dann zum Aufstieg zum „Guard Tower" gebracht. Von dort aus sind wir sieben Kilometer (22 Türme) bis zum „East Tower with the five holes" gelaufen. Von dort aus sind wir abgestiegen und wurden von unserem Fahrer abgeholt. Wir haben uns viel Zeit gelassen und die Gesamtstrecke von circa elf Kilometer in fünf Stunden bewältigt.

Datong – Die Grotten von Yungang

Es hatte uns in die chinesischen Provinz Shanxi verschlagen, genauer gesagt nach Datong. Bis Peking hatte ich noch nie etwas von den Grotten in Yungang gehört. In einer U-Bahnstation in Peking wurden wir auf diese aufmerksam.

Dort sahen wir ein großes Werbebild der chinesischen Tourismusbehörde. Im Hostel wurde danach gegoogelt und siehe da, es lag auf unserer Route.

Seit Bolivien musste ich das erste Mal wieder frieren. Auf der Chinesischen Mauer hatten wir einen Chinesen getroffen, der in Deutschland studierte und uns erzählte, dass es in der Gegend um Datong in den letzten Tagen geschneit hatte. Schnee hatten wir zum Glück nicht, aber bei 0 Grad war es sehr kalt. Die Decken im Hostel waren zu klein für uns Europäer und so wurde in Jeans und Fleecejacke geschlafen.

Yungang Grotten bei Datong

Unser Plan war es, an einem Tag die „Yungang Grotten" und die „Hängenden Klöster" zu besuchen. Mit dem öffentlichen Bus waren es gerade mal elf Kilometer von Datong, danach sollte es mit einem weiteren Bus noch 80 Kilometer weiter zu den Hängenden Klöstern gehen. Das frühe Aufstehen wurde nicht belohnt, denn nachdem uns der Bus an der Landstraße raus ließ, mussten wir noch circa zwei Kilometer bis zum Eingang laufen. Dort durften wir dann feststellen, dass die Grotten ihre Pforten erst eineinhalb Stunden später öffnen würden. Das Warten war sehr unangenehm, da es doch sehr kalt war.

Aber es hatte sich gelohnt. Die vielen aus Sandstein geschlagenen Grotten, die im Zeitraum von 460 bis 525 n. Chr. während der nördlichen Wei-Dynastie entstanden sind, waren einfach nur beeindruckend. Wir konnten sie auch noch ohne großen Andrang besichtigen, da so früh kaum weitere Besucher da waren oder zumindest die Kälte meiden wollten. Gegen 10.30 Uhr wurde es voller und wir wollten weiter zu den Hängenden Klöstern.

Im Lonely Planet fanden wir keine Beschreibung, wie wir dort hinkommen sollten. Meine Recherchen hatten ergeben, dass die Klöster fünf Kilometer außerhalb der Stadt Hunyuan in dem Dorf Dongfangcheng liegen sollten. Leider gestaltete sich die Anfahrt sehr schwierig. Der Bus brachte uns nach einer ewig langen Fahrt bis zur Stadt Muta. Ab da wollten wir ein Taxi nehmen, aber keiner der Taxifahrer wollte die circa 30 Kilometer nach Dongfangcheng fahren oder verlangte unverschämte Preise.

Des Weiteren wären wir von dort aus am Abend nicht mehr bis Datong zurückgekommen. In Muta selbst gab es dann aber doch noch etwas zu besichtigen. Die Fogong Temple Pagode steht dort seit über 900 Jahren und ist aus Holz gebaut. Interessanterweise waren dann wir dort die Sehenswürdigkeit, denn die Einheimischen bestaunten uns mehr als wir die Pagode. Manch einer kam sogar zu mir und drückte mit seinem Zeigefinger in meinem Gesicht herum. Er musste wohl zum ersten Mal in seinem Leben einen Europäer gesehen haben.

Pingyao – Die besterhaltene Stadtmauer in China im Braunkohledunst

Auf dem Weg nach Xi'an machten wir einen Tagesstopp in Pingyao. Mit dem Nachtzug kamen wir morgens an und wollten am Abend weiterfahren. So blieb uns ein ganzer Tag, um die Stadt zu erkunden. Die Rucksäcke gaben wir neben dem Bahnhof bei der Gepäckaufbewahrung ab.

Die Altstadt von Pingyao ist noch mit ihrer kompletten originalen Stadtmauer aus der Ming-Dynastie umgeben. Jemand hatte wohl vergessen, sie abzureisen, um Platz für Neubauten zu machen. Was für ein Glück für Pingyao, denn scheinbar lebt diese Stadt von ihr. Durch die Aufnahme der Mauer in das UNESCO-Weltkulturerbe waren hier die meisten Touristen aus dem Ausland und dazu kamen noch Horden von chinesischen Touristen.

Nach der Ankunft fühlte ich mich wieder einmal in die Zeiten nach der Wende versetzt, als noch mit Braunkohle geheizt wurde. Hier in Pingyao wurde fast alles mit Kohle gemacht. Geheizt, gekocht, gegrillt und vieles mehr. Die Kohleberge lagen vor den Häusern und warteten nur darauf, ihren Staub in die Luft zu blasen. Daher lag ein großer grauer Schleier über der Stadt und die Nasenschleimhäute waren schwarz gefärbt.

Wir liefen innerhalb der Stadtmauer (4 km^2) abseits durch die kleinen Gassen und stellten fest, dass die kleinen Häuser so langsam dem Verfall überlassen wurden. Schade, denn diese noch traditionelle Umgebung wird bald für immer verschwunden sein, wenn nichts renoviert wird. Die Stadt war nicht so groß, sodass wir am Nachmittag schon den Altstadtteil komplett abgelaufen hatten. Um die Zeit totzuschlagen und weil es auch noch den ganzen Tag regnete, zog es uns in ein kleines Restaurant, wo wir kostenloses Internet hatten. Die Zeit nutzten wir, um unseren weiteren Reiseverlauf zu planen.

Xi'an und die Provinz Sichuan – Buddahs, Schiffe und Pandas

Xi'an – Die Terrakotta-Armee

Ich stand vor dem Eingang zur Terrakotta-Armee, die schon von Anfang an als „Must See" auf meiner Liste stand.

Die Anfahrt von Xi'an war erwartungsgemäß einfach, denn ein Shuttle-Linienbus fuhr direkt vor dem Bahnhof ab. Am Eingang wurde der Besucher schon erschlagen von der chinesischen Tourismusindustrie. Von Pelz über Porzellankrieger bis hin zu hunderten Guides wird einem fast alles angeboten. Wir schlugen uns durch das Angebot bis zur ersten Ausstellungshalle und waren etwas verwundert.

Das Areal war unglaublich groß und es schien mir verrückt, was für ein riesiges Grab sich der König (Qín Shǐhuángdì) zu seinen Lebzeiten bauen ließ. Der Bau der Anlage begann schon unmittelbar nach seiner Krönung, ungefähr im Jahr 221 v. Chr. Alle Krieger sind im Maßstab 1:1 und detailgetreu nachgebildet, denn er wollte einen Mann aus jedem Teil seines Reiches als Krieger in seinem Grab stehen haben. Aus diesem Grund standen wohl hunderte, wenn nicht aberhunderte Männer aus ganz China Modell.

Es war etwas schade, dass wir nicht näher an die Statuen konnten, auch wenn uns der Grund dafür natürlich bewusst war. Die Gesichter mit ihren lebhaften Zügen sowie die anderen Details waren sehr beeindruckend. Nach einigen Stunden und der Besichtigung der großen Hallen voll mit Kriegern ging es wieder zurück nach Xi'an. Oli und ich waren begeistert, aber durch die großen Hallen und dem ganzen Kommerz drum herum kam irgendwie kein richtiger „WOW-Effekt" zustande.

Leshan – Der größte Buddha der Welt

Reisen kann in China anstrengend sein. Nach gut 17 Stunden Zugfahrt erreichten wir Chengdu. Vom Bahnhof ging es mit der Metro zu unserem Hostel, das direkt neben dem Busbahnhof Xīnnánmén lag. Von dort aus wollten wir am nächsten Morgen nach Leshan fahren. Nach dem Einchecken holten wir uns noch in einem Supermarkt etwas zu essen und setzten uns gegenüber vom Hostel an einen kleinen Kanal. Kurzdarauf sprach uns eine ältere Frau an und wollte uns ein paar nette Damen von nebenan vermitteln, denn scheinbar saßen wir am Straßenstrich. Wir lehnten dankend ab und wurden auch nicht mehr belästigt.

Am nächsten Morgen mussten wir nur um die Ecke laufen und schon waren wir am Busbahnhof. Das Ticket war schnell gekauft und wir saßen für die nächsten eineinhalb Stunden im Bus. In Leshan ging es dann mit dem öffentlichen Bus zum Giant Buddha.

Am Zusammenfluss der drei Flüsse Min Jiang, Dadu und Qingyi befindet sich die größte Sehenswürdigkeit Leshans, der Große Buddha. Die sitzende Buddha-Statue misst in der Höhe 71 Meter, die Schultern haben eine Breite von 28 Metern. Das macht den Leshan-Buddha zum größten Buddha der Welt. Allein der Kopf hat eine Höhe von 15 Metern und eine Breite von zehn Metern; die Ohren sind sieben Meter hoch. Der Buddha wurde errichtet, um die Strudel des Dadu, der hier in den Min mündet, zu bändigen, was nach seiner Beendigung tatsächlich auch geschah. Allerdings soll dies dadurch geschehen sein, dass der Steinabbruch aus dem Fels im Fluss versenkt wurde.

Giant Buddha in Leshan
93

Die Anlage umfasste jedoch nicht nur den großen Buddha, sondern beherbergte auch Tempel und zahlreiche weitere große und kleine Buddha-Statuen. Die chinesischen Besuchermassen hier waren für mich zu viel. Immer schrie eine Guidestimme irgendetwas durch ein kleines Megaphon und versuchte, seine Gruppe unter Kontrolle zu halten. Die Absperrungen und Leitwege, die nicht in Betrieb waren, ließen Böses erahnen. Wenn hier erst Feiertage oder Ferien sind, dann wird der Besuch bestimmt eine Qual.

Yangtse – Eine chinesische Schifffahrt zum Drei-Schluchten-Staudamm

Zum Abschluss unserer kleinen China-Rundreise wollten wir noch eine gemütliche Schifffahrt über den Yangtse machen und uns den Drei-Schluchten-Staudamm anschauen. Von Chengdu ging es mit der Bahn in das 17 Stunden entfernte Chongqing. Dort wollten wir uns dann eine gemütliche Fahrt auf dem Schiff organisieren und uns nach der vielen Reiserei etwas erholen. Leider kam alles ganz anders als gedacht.

Touristenkarte des Yangtse

In Chongqing angekommen mussten wir erst einmal den Bus zum Passagierpier finden. Nach einer weiteren Stunde waren wir endlich angekommen und standen vor einem Schalter einer chinesischen Travelagency, die uns eine nette Flusskreuzfahrt anbot. Der Preis stimmte und so beschlossen wir, diese Tour zu buchen. Es sollte also für drei Tage und zwei Nächte auf den Yangtse gehen.

Wir stellten unsere Rucksäcke dort ab und schauten uns noch kurz in der Innenstadt von Chongqing um, die aber nicht viel zu bieten hatte. Am späten Nachmittag ging es dann am Pier los. Erst mit dem Bus nach Wan Zhou, um uns dort einzuschiffen. Schon im Bus wurde uns klar, dass dies keine Erholungsfahrt werden würde, denn wir hatten nur zwei weitere Ausländer gesehen. Chinesen können wahnsinnig laut sein, haben immer Hummeln im Hintern und aus Sicht von uns Europäern keinen Anstand gegenüber ihrer Mitmenschen. Vielleicht sehen die es ja auch anders.

Auf dem Schiff, ein alter rostender und stinkender Kahn, bekamen wir eine Viererkajüte direkt über dem Dieselmotor. Der Auspuff drückte die Abgase schon in die kleine Zelle rein. Das Bett bestand nur aus Holz ohne Matratze und war mit einem dreckigen Betttuch abgedeckt. Unsere zwei Mitbewohner waren recht ungepflegt und uns gegenüber nicht gerade offen. In der kleinen Zelle gab es dann noch eine Toilette, die jedoch nur ein kleines Loch in der Ecke war. Darüber die Dusche und das 15 Quadratzentimeter große Waschbecken in der Ecke daneben. Das „Bad" war insgesamt gerade einen halben Quadratmeter groß. Das Wasser aus der Dusche kam spärlich und auch sonst war es nicht sehr sauber.

Wir waren gerade in der Kajüte und hatten alles begutachtet, als einer unserer Mitbewohner auf das Klo ging, ein Riesengeschäft hinterließ und zusätzlich den Abfluss mit Toilettenpapier verstopfte. Leider war es so groß, dass es nicht durch das kleine Loch ging und somit war die Toilette unbrauchbar geworden. Und das, bevor wir überhaupt abgelegt hatten. Nach einer Stunde kam schon der Gestank durch die geschlossene Toilettentür und vermischte sich mit den Abgasen des Dieselmotors – Willkommen auf dem chinesischen Traumschiff!

Somit war die Kajüte als Aufenthaltsort unbrauchbar, denn der große Haufen wurde immer größer. Die Zwei setzen während der nächsten Tage noch einige Haufen auf den jetzigen drauf. Die nächsten zwei Nächte wurden zur Qual. Nach den Gerüchen auf den Gängen in jedem Stockwerk zu urteilen, musste sich dieses Phänomen auch in 98% der restlichen Kajüten abgespielt haben.

Das Schiff selbst bot keinen Sitzplatz auf dem Oberdeck, da es keins hatte. So konnten wir die Schluchten nur am Ende und den Seiten des Schiffes sehen. Die Sicht war durch Nebel – oder war es eher Smog? – stark getrübt, sodass Fotografieren auch keine guten Bilder hervorbringen würde. Die wenigen Ausflüge vom Boot waren sehr langweilig und eintönig. Dazu kam, dass einige extra bezahlt werden mussten. Wer sich dann doch auf das Ganze einließ, wurde mit einer sagenhaften Dauerbeschallung der Guides in einer brüllenden Lautstärke durch ein Megaphon angetrieben.

Verrückte Chinesen beim Ausflug

Zwischen den Ausflügen saßen alle Passagiere auf einem Deck und konnten von den Fenstern aus die Landschaft betrachten. Allerdings sollte man als Passagier liebevoll mit den Eigenheiten seiner chinesischen Mitreisenden umgehen. Es wurde die ganze Zeit geschmatzt, gerülpst, gefurzt und sich gegenseitig angeschrien.

Am letzten Tag kamen wir dann in der Nähe des Drei-Schluchten-Staudamms an und wurden ausgeschifft. Dann ging es im Bus weiter. Der Drei-Schluchten-Staudamm ist ein wahnsinnig großes Projekt. Die Staumauer ist 185 Meter hoch und 2309 Meter lang. Es war schon interessant zu sehen, was die Chinesen dort gebaut haben. Aber man sollte auch nicht vergessen, wie viel Leid der Staudamm hunderttausenden Chinesen angetan hat, die ihre Heimat aufgeben mussten.

Die Tour endete dann damit, dass der Bus bis nach Yichang fuhr und uns dort absetze. Nach drei Tagen ging es dann wieder mit dem Zug zurück nach Chengdu. Nach vier Tagen ohne Klo und fünf Tagen ohne Dusche haben wir uns riesig auf diese sanitären Einrichtungen im Hostel gefreut. Erholung sieht eindeutig anders aus …

Mein kleiner Tipp für alle, die den Yangtse selbst befahren wollen: Billiger wäre es gewesen, diese Schifffahrt in Chengdu im Hostel zu buchen als direkt Vorort in Chongqing. Des Weiteren würde ich wirklich jedem empfehlen, die Luxusvariante mit dem Schiff Victoria (oder so ähnlich) zu buchen. Unsere Fahrt war eine Härteprüfung, die ich in meinem Leben nicht noch einmal brauche.

Chengdu – Die Gemütliche ...

... ist die Hauptstadt der chinesischen Provinz Sichuan. Mit locker über zehn Millionen Einwohnern war die Stadt jedoch sehr entspannt zu genießen. Der Verkehr und die Menschen waren nicht so hektisch wie in anderen Städten, die ich gesehen hatte. Chengdu wurde für mich zum Schluss ein kleiner Knotenpunkt zwischen Leshan, dem Yangtse River und Nepal. Hier verbrachte ich einige Tage.

Ich verabschiedete meinen Reisekumpel Oli und brachte ihn noch zur Busstation, von wo er weiter zum Flughafen fuhr. Als ich zurück im Hostel war, erhielt ich eine E-Mail von meinem Travelbuddy Sascha, mit dem ich vor drei Monaten durch Thailand und Myanmar gereist bin. „Hey Jens, du bist doch in China! Oder?" Meine Antwort war: „Ja in Chengdu! Bist du noch in der Gegend?" Und darauf folgte die Antwort: „Da bin ich auch!" Die Welt ist klein und keine zwei Stunden später trafen wir uns auf ein Bierchen und hatten einen lustigen Abend zusammen.

Ohne Zeitdruck schlenderte ich durch die Stadt und lief die paar Sehenswürdigkeiten ab. Dabei zeigte sich China wieder einmal von einer neuen Seite, denn im „People's Park" traf ich auf Menschen, die zusammen tanzten, sich unterhielten und mit den Kindern den dortigen kleinen Jahrmarkt besuchten. Ich fand es total abgefahren und kann nur jedem empfehlen, hier einmal vorbei zu schauen, wenn er in Chengdu sein sollte.

Die Provinz Sichuan ist für ihr scharfes Essen bekannt und die Menschen sind stolz darauf. Der „Hot Pot" gehört zur traditionellen Küche und da dieser in Peking ein völlig geschmacksneutraler Reinfall war, wurde er hier noch einmal ausprobiert. Im Hot Pot wird reichlich Chili mit Sichuan-Pfefferkörnern und Butter zum Kochen gebracht. In dieser heißen Mischung werden dann die Zutaten gekocht, um sie danach in einer kleinen Schale mit etwas Öl und viel Knoblauch abkühlen zu lassen. Dies nimmt dann etwas die Schärfe und würzt es noch einmal nach. Mit so vielen Gewürzen erhielt ich einen super Hot Pot, der wirklich lecker war und mit Recht als Spezialität durchging.

Der Name Chengdu wird auch mit den lieben Pandabären in Verbindung gebracht. Das stimmt, denn hier gibt es eine riesige Panda Aufzuchtstation. Der Panda Base Center liegt vor den Toren Chengdus und bietet auch den großen

Pandas genügend Platz, um sich wohlzufühlen. Die Gehege vermittelten mir einen guten Eindruck und wahrscheinlich hat der Panda Base Center deswegen so viel Erfolg bei der Aufzucht der Pandas. Ich genoss die Ruhe, ließ mich vom einen Gehege zum anderen treiben, schaute zu, wie die Pandas ihr Mittagessen zelebrierten und hatte Spaß an dem Grün um mich herum. Dies ist eine ganz klare Empfehlung von mir!

Panda Base Center Chengdu

Schon vor Beginn meiner Reise war es immer mein Wunsch nach Tibet zu reisen. Von Chengdu aus wollte ich mit dem Zug nach Lhasa fahren und auch hier mein Visum beantragen. Leider ist aus dem Vorhaben nichts geworden, da genau zu dieser Zeit in Tibet Wahlen sein sollten und dadurch keine Ausländer eine Einreisegenehmigung bekamen. Aus diesem Grund blieb ich etwas länger in Chengdu, da ich von dort mit dem Flugzeug nach Kathmandu ausreisen wollte. Nepal, ich komme!

Kleiner Einwurf: Die Chinesen

Es wurde Zeit, mir ein Bild der Chinesen und Chinas zu machen. Ich saß im Flugzeug nach Kathmandu und konnte meinen Gedanken freien Lauf lassen.

China ist kein freies Land. Das merkte ich gleich, nachdem ich mein Netbook hochgefahren hatte. Facebook, Vimeo und Co. waren gesperrt und verhinderten so die einfache Kommunikation mit Freunden. Der Sicherheitsapparat ist überall im Land ausgebaut. Die Kameras auf den Straßen erfassen wohl jeden Winkel. Ich fragte mich immer, wenn sie mir ins Auge fielen: „Wer um Himmelswillen wertet diese Datenflut aus?" Die Frage blieb für mich natürlich unbeantwortet.

Aber dafür ist die Arbeitslosenquote in China sehr gering. Die Chinesen sind ihrer Überwachung gnadenlos ausgesetzt, denn selbst beim Kauf eines Zugtickets mussten der Ausweis vorgelegt und die Passnummer gespeichert werden. Die Bewegungsdaten der Mobiltelefone werden bestimmt auch gespeichert und ausgewertet. Jedoch ist der Chinese freier als der Bürger der ehemaligen DDR. Er kann reisen und das Land verlassen, wenn er möchte. Wahrscheinlich weil es ausreichend Chinesen gibt.

Der Konsum

Der Chinese konsumiert sehr gerne. Er liebt sein „Shopping" und ist der neuen Technik sehr aufgeschlossen. Die Frauen lieben High-Heels, kurze Röcke und Hosen – am besten so kurz, dass das Ende der Nylonstrümpfe erkennbar ist, was die Männer sehr nett anzusehen finden. Und das Smartphone der neusten Generation darf bei den Accessoires nicht fehlen. Die Männer sind da einfacher gestickt, sie geben sich mit der Smartphone-Mode zufrieden. Aber dafür lieben sie schicke Autos, doch dazu später mehr.

Die Verkehrsmittel und worüber die deutsche Wirtschaft glücklich ist

Meine Vorstellung „der Chinese fährt Fahrrad" ist wohl überholt. Denn er fährt ein E-Fahrrad oder einen E-Scooter. Beide Varianten flitzten lautlos an mir vorbei und ich muss zugeben, dass mich die E-Variante beeindruckte, aber auch verunsicherte. Beeindruckend sind die elektrischen Zweiräder, da sie keinen Ge-

stank und keinen Lärm machen. Allerdings ist ein sich von hinten schnell nä-
herndes Fahrzeug so gut wie nicht hörbar und daher war es gewöhnungsbedürf-
tig, wenn diese plötzlich dicht an mir vorbeisausten.

Bis auf China gab es noch kein Land, das ich bereist hatte, das so viele deutsche
Nobelkarossen auf der Straße hatte. Was würden die großen deutschen Automo-
bilhersteller (Mercedes, Audi, BMW, Porsche und Volkswagen) nur ohne die
reichen Chinesen machen? Billigautos können die Chinesen selber bauen und
davon gibt es auch ein paar, aber wer was auf sich hält, fährt mindestens einen
VW. Der VW spiegelt aber nicht das allgemeine Straßenbild wieder. Denn das
wird geprägt von den Nobelmarken aus Deutschland, nur dass hier hinter der
Typenbezeichnung zu 95% ein „L" für „Langausführung" steht. Diese Masse an
Hochkarätern werden wohl in Deutschland nicht abgesetzt, sondern nur hier in
China. Den deutschen Autobauern und deren Arbeitnehmer wird das gefallen,
aber ich frage mich, wie lange das noch andauern wird.

Deutsche Nobelkarossen immer in der "L-Variante"

Wie lange bleibt das Wachstum in China noch so hoch und was sind die Folgen in der Zukunft?

Meine Reise führte mich quer durchs Land. Mehr als 5.000 Kilometer mit der Bahn und überall das gleiche Bild: Die neuen Wohnhäuser wachsen wie Pilze aus dem Boden. Dort wo es einst Kleinstädte gab, wird Platz gemacht für riesige XXL-Wohnblocks, die demnächst zu einer fünf bis sechs Millionen Einwohnerstadt anwachsen. Oder es wird gleich eine ganze Stadt irgendwo in der Pampa ganz neu aus dem Boden gestampft. Die Verbindungen der Bahn werden ausgebaut, sodass diese Millionenstädte mit Hochgeschwindigkeitszügen verbunden werden. Die Brücken der Bahnstrecken oder auch der neuen Straßen durchschneiden die Natur und ich gehe davon aus, dass nirgends auf die Umwelt geachtet wird.

Umwelt ist ein gutes Stichwort. China wird als „das Reich der Mitte" bezeichnet, aber von mir bekommt es eher die Bezeichnung „das Reich der nie sichtbaren Sonne". Der Smog, die Luftverschmutzung ist so gut wie überall spür- und sichtbar. In Peking und auf der Chinesischen Mauer hatte ich Glück mit dem Wetter, jedoch sagten mir Chinesen, dass diese Sicht, der blaue Himmel und die Sonne nur sehr selten im Jahr vorkommen. Die Chinesen berauben ihre Natur und kümmern sich nicht drum. Es gilt nur: Aufholen zum Westen, um jeden Preis.

Den Preis werden sie meiner unqualifizierten Meinung nach in circa zehn bis 20 Jahren zahlen, wenn das Wasser knapp, die Bevölkerung krank und die Natur sich rächen wird. Dann wird die Wirtschaftsleistung stark zurückgehen und die Chinesen nicht mehr konsumieren können, sodass das dann auch unsere Premium-Autohersteller merken werden. Ich gehe davon aus, dass es dann auch dem jetzigen Parteiensystem an den Kragen gehen wird. Denn wenn die Menschen auf ihre Lieblingsbeschäftigung „shoppen" verzichten müssen, werden sie sich anders beschäftigen. Vielleicht mit dem Aufbegehren und der Forderung nach einer neuen Regierung. Es wird spannend!

Der Chinese selbst

Zum Schluss möchte ich noch meine Meinung zum Chinesen selbst sagen. Ich beginne mit der positiven Seite. Der Chinese war gerne hilfsbereit, auch wenn er mir nicht helfen konnte. Bei einer Frage ist er freundlich und versucht, sein Bestes zu geben. Die andere Seite der Chinesen sieht leider so aus: Der Chinese ist sehr egoistisch bei allem, was er macht. Wenn er in die U-Bahn einsteigen möchte, drängelt er sich vor, schubst, zieht und bevor er jemanden aussteigen lässt, muss er selber erst einmal in die U-Bahn einsteigen. Dieses Verhalten lässt sich in alle Lebenssituationen übertragen, ob in der Schlage beim Fahrkartenkauf, beim Einkaufen oder im Straßenverkehr. Die Devise muss wohl lauten „Erst ich, dann nichts, dann vielleicht jemand anderes!"

Außerdem kommen einem als Reisender die täglichen Angewohnheiten ekelhaft vor. Man rülpst, rotzt, furzt und pinkelt überall hin, wohin es beliebt. Selbst im Zug wird den Kindern einfach die Hose runtergezogen und die dürfen dann vor das Bett oder den Sitz pullern statt mit ihren Eltern zur Toilette zu gehen. Dazu kommt noch, dass der Chinese offenbar mit einem Hörfehler zur Welt kommt, denn Unterhaltungen werden schreiend abgehalten. Telefone sollten bei dieser Lautstärke nicht gebraucht werden.

Und dann gibt es noch die schönen kleinen handlichen Verstärker. Diese kleinen Megaphone benutzen vor allem Verkäufer und Tourguides. Richtig angenehm ist es, wenn zwei bis drei Tourguides nebeneinander verbal auf ihre Gruppen eindreschen und dabei kein Erbarmen kennen. Ich fand dies extrem nervig und war froh, dieser Lautstärke wieder entkommen zu sein. An diese Angewohnheiten sollte sich jeder Chinareisende gewöhnen, ansonsten wird er nicht viel Spaß an seiner Reise haben. Trotzdem ist China ein tolles Reiseland und ich werde auf jeden Fall noch einmal länger dorthin reisen.

Namaste Nepal – Kathmandu, ein touristischer Albtraum

Ich hatte es geschafft und war raus aus Asien, immer Richtung Westen auf dem Weg nach Hause! In genau sieben Wochen würde ich in Frankfurt landen, der Countdown lief. Bevor das Fragen anfängt: Nepal gehört zwar zu Asien (ich habe das auch gegoogelt), jedoch werden die Länder Nepal, Indien, Bhutan, Sri Lanka und Pakistan auch als der Indische Subkontinent bezeichnet. Ich finde diese Bezeichnung wesentlich besser als Asien, denn mit Asien hat Nepal – abgesehen von Hinduismus und Buddhismus – nicht viel gemein.

Der Flug von Chengdu nach Kathmandu war spektakulär. Die Aussichten auf die Bergketten des Himalayas waren beeindruckend. Leider hatte ich kein Glück mit meinem Fensterplatz, da der Mount Everest auf der anderen Seite an mir „vorbeiflog" und ich vor lauter Passagieren, die auf dem Gang standen, keine Chance hatte, den größten Berg der Welt zu sehen.

In Kathmandu angekommen fühlte ich mich schon am Flughafen um circa 80 Jahre zurückgeworfen. Ein richtiges Terminal gab es nicht und von der Maschine ging es zu Fuß in eine kleine Holzbaracke. Das Gepäck kam dann recht schnell und das Visum wurde mir auch im selben Tempo in den Reisepass gestempelt. Vor der Tür erwarteten mich schon Taxifahrer, doch die erste Horde ließ ich hinter mir und lief ein paar Meter weiter. Dort sprach mich dann ein junger Mann an, der mich für die Hälfte des Preises der anderen Taxifahrer mit seinem Auto nach Thamel ins Backpackerviertel fahren würde. Ich nahm sein Angebot an und während der Fahrt bot er mir eine Unterkunft an. Ich sagte ihm, er könne mich dort hinfahren und ich würde es mir mal ansehen.

Schon auf der Autofahrt durch Kathmandu war der Unterschied zu China deutlich. Die Straßen waren in schlechtem Zustand, die Infrastruktur der letzten Wochen suchte ich vergebens. Mein Herz schlug wieder höher. Ein Hauch von Abenteuer kam zurück, denn hier lebte das Unorganisierte und meine Reiselust war gleich wieder gestiegen. Das Chaos, das „Unorganisierte" ist spannender als die „blitzblanken betonierten Gehwege" in China. Ich war wieder in der Dritten Welt angekommen.

Im Hotel angekommen durfte ich auch wieder ein unzensiertes Internet benutzen und machte mich gleich daran, meinen Aufenthalt hier zu organisieren. Ich versuchte mir einen Überblick zu verschaffen, was ich um Kathmandu herum alles machen könnte und vielleicht noch ein paar Preise herauszufinden, bevor ich mich in die Gassen von Thamel stürzte. Keine drei Minuten nachdem ich das Hotel verließ, hatte ich die Nase von dem Viertel schon voll. Ein Touristenmolloch vom Feinsten. Überall wurden mir Drogen, Touren, Guides, Handtaschen, Klangschalen, Mützen und vieles mehr angeboten.

Mir reichte es und ich zog los, um die Aussicht vom Monkey Mountain zu genießen. Nach zwei Minuten hatte ich einen „Personal Guide" an meiner Seite, den ich nicht mehr loswurde. Er erzählte mir ein paar Geschichten über Kathmandu und warnte mich vor den Affen. Der Weg führte an einem keinem Krematorium vorbei, wo gerade ein Toter verbrannt wurde, und dann weiter über eine kleine Brücke. Ich staunte nicht schlecht, wie viel Müll im Flussbett lag. Oben auf dem Monkey Mountain erwartete mich dann ein toller Blick über das Kathmandu Valley und die Stadt. Der Monkey Temple war ganz nett und ich konnte eine Zeremonie der Mönche miterleben.

Auf dem Weg zurück Richtung Hotel versuchte ich, meinen persönlichen Guide loszuwerden, aber das gelang mir erst, als ich ihm ein paar Rupie in die Hand drückte. Unten in Thamel verlief ich mich dann erst in den vielen Gassen, aber dafür kam ich an ein paar Tour Agencies vorbei und ließ mich beraten. Jetzt hatte ich einen kleinen Überblick über die möglichen Touren und Preise. Ich buchte am nächsten Tag eine kleine Tour, die mich samt Guide zweieinhalb Tage in die Berge um Kathmandu bringen sollte.

Am nächsten Tag schaute ich mir noch etwas die Gegend um Thamel an und kam auch zum Durbar Square. Den Durbar Square habe ich von innen nicht besichtigt, denn alle sagten mir, es sei nichts Besonderes und die Eintrittspreise wären sehr hoch. Von außen habe ich ihn mir aber dennoch angeschaut und konnte einiges sehen. So genoss ich das Chaos in den Straßen und entspannte ein wenig im Garten meines Hotels.

Eine kleine 2-Tages-Tour um Kathmandu herum

Wenn man in Nepal ist, dann muss auch gewandert werden! Den Mount Everest habe ich zwar nicht bestiegen, aber doch ein paar Mal gesehen.

Von Kathmandu aus ging es mit dem öffentlichen Bus und meinem Guide nach Sundarijal, um von dort aus nach Chisapani zu laufen. Laufen war am ersten Tag allerdings nicht angesagt, es war vielmehr ein endloses Treppensteigen. Circa 450 Höhenmeter waren zu überwinden und dabei konnte ich stolz auf meine Leistung sein. Mein Guide war es zwischenzeitlich allerdings nicht, denn ich war einiges langsamer als er. Irgendwann sprach er mich darauf an und ich erklärte ihm, dass ich einen Herzfehler hätte und deshalb nicht so schnell nach-kommen konnte. Er bekam fast einen Herzinfarkt und fragte mich dann alle zehn Minuten, ob ich nicht lieber eine Pause machen möchte. Er hatte wohl nur noch Angst, dass ich tot umfalle und er dann dafür bestraft wird.

So schlecht waren wir dann aber doch nicht unterwegs, denn wir überholten zwei andere Gruppen und die erste von beiden kam erst gut zwei Stunden nach uns in Chisapani an. Der Aufstieg machte allerdings wenig Spaß, denn es ging stetig nach oben und meistens waren es Treppen, die in den Weg eingearbeitet waren. Die Unterkunft konnte dafür mit einem wundervollen Ausblick dienen, allerdings nicht mit einer Dusche oder gar warmen Wasser.

Am zweiten Tag ging es weiter nach Nagarkot. Der Weg war wunderschön. Erst ging es die meiste Zeit geradeaus und nicht bergauf. Am Anfang durchwanderte ich eine Art Dschungel mit schönen Farnen und irgendwann kam sie dann: eine wundervolle Aussicht auf eine Mega-Bergkette von Fünf- bis Achttausendern. Das Wetter schenkte mir strahlenden Sonnenschein, dazu einen blauen Himmel vom Feinsten und klare Sicht. Was wollte ich mehr! Der Mount Everest war nicht viel größer als die meisten anderen Berge. Aber das lag daran, dass er um einiges weiter entfernt war.

Hier ist der Mount Everest

Unterwegs hielten wir immer wieder an und kehrten bei Einheimischen ein, um einen Milch-Tee zu trinken oder eine Rast zu machen. Besonders der Milch-Tee hatte es mir angetan. Er gab richtig Energie zurück.

Die Absteige an Unterkunft vom zweiten Tag bot erst gar kein Wasser an, damit nicht so viel verbraucht werden konnte – auch eine Möglichkeit Geld einzusparen. Aber dafür bot sie eine noch bessere Aussicht auf Sonnenunter- und -aufgang.

Der dritte Tag brach an und so stand nur noch der Abstieg an. Der Weg führte über ein paar Abkürzungen durch kleine Dörfer zur Straße, von wo es dann mit dem Lokal-Bus zurück nach Kathmandu ging. In diesen zweieinhalb Tagen bin ich gute 40 Kilometer gelaufen und habe mich immer gut gefühlt, auch wenn der Aufstieg hart war. Es waren tolle Tage mit vielen unvergesslichen Ausblicken. Mein Guide war dann auch zufrieden mit mir und als ich ihm zu seinem Trinkgeld auch noch mein Handy schenkte, war er überglücklich. Seins war nämlich auf der Wanderung kaputt gegangen und Geld für ein Neues hatte er nicht. Ich nutzte es auf meiner Reise nur als Wecker und konnte gut darauf verzichten.

Auf der Flucht aus der Stadt ging es nach Pokhara

Ich hatte es bereits erwähnt, Kathmandu war nichts für mich. So entschied ich mich, in das ruhigere Pokhara zu fahren. Die Fahrt war eine zähe Sache, da der Bus für die 210 Kilometer ganze achteinhalb Stunden brauchte. Pokhara liegt an einem See und die Berge im Hintergrund stellen mit dem Annapurna I, II und IV eine gewaltige Kulisse dar.

Pokhara – Blick vom See auf die Annapurna-Gebirgskette

Zu dieser Zeit musste ich leider vermelden, dass ich einen kleinen Reisedurchhänger hatte. Mein rechtes Knie schmerzte etwas, geschlafen hatte ich seit einer Woche auch nicht mehr richtig und es gab endlich wieder mal warmes Wasser unter der Dusche. Unterm Schnitt nenne ich das mal einen „Reiseburnout". Aber ich glaube, nach über zehn Monaten darf auch der auf einer Reise wie dieser nicht fehlen. Das Problem war nur, dass ich keine Motivation hatte, etwas auszureizen. In Pokhara musste ich das zum Glück nicht. Für Wandern war sowieso keine Zeit und ich war auch nur einen vollen Tag dort.

Ich schlug beim Taxifaher einen nur halbwegs guten Preis heraus und besuchte auf die Schnelle die „World Peace Stupa" und die „Devil Falls" mit der dazugehörigen Höhle. Mein angeheuerter Taxifahrer fuhr mich bis zum Parkplatz der World Peace Stupa und ich lief langsam den kleinen Berg hinauf. Die Stulpa war recht groß und viele Touristen waren nicht da. Viel zu sehen gab es hier leider nicht und so lief ich ein wenig herum und betrachtete das gegenüberliegende Annapurna-Massiv. Es war schon gewaltig, aber leider verdeckten mir Wolken etwas die Sicht. Nach einer Stunde ging ich zurück zum Taxifahrer, der mich auf dem Weg zurück nach Pokhara an den Devil Falls herausließ. Diese kleinen Wasserfälle waren nicht besonders interessant und so ging es wieder zurück in die Stadt.

Zum ersten Mal auf meiner Reise verspürte ich Lust auf eine Pizza. Vielleicht auch nur deshalb, weil es um die Ecke von meiner Unterkunft welche gab. Ich bestellte mir eine und wurde enttäuscht. Die Pizza war einfach nicht gut. Wäre ich mal beim Dal geblieben, denn das können sie wirklich lecker zubereiten.

Pokhara ist wirklich ein entspanntes Städtchen, in dem man es auch länger aushalten könnte. Sollte ich noch einmal hierher kommen, so werde ich bestimmt länger hier bleiben.

Der Nationalpark Chitwan

Auf meinem Weg traf ich immer viele Leute. Die einen sind angenehm, die Anderen … na, ich schweige jetzt mal lieber. In den letzten Tagen hatte mich jemand gefragt, ob ich die dritte Hauptreligion nach dem Hinduismus und Buddhismus hier in Nepal kennen würde. Ich schaute wohl etwas verdutzt aus und bekam die Antwort: „Tourismus!" Daran musste ich wieder denken und lachen, als ich im Nationalpark Chitwan mein Tourismusprogramm erleben durfte.

Chitwan-Nationalpark

Der Nationalpark besteht seit 1973 und seitdem dürfen keine Tiere mehr erlegt werden, vor allem keine Elefanten. Daraus folgt, dass die Elefanten hier nun vermehrt festgekettet zur Show gestellt oder genutzt werden, um die Touristen durch den Park zu chauffieren. Mir kam es so vor, als ob die meisten Elefanten sich langweilten – angekettet und mit wenig Bewegungsfreiheit. Das Bild passte irgendwie nicht und mir war bei der Führung unwohl.

Die Hauptbesichtigungspunkte sahen folgendermaßen aus: Zuerst wurde der Fluss mit einem Einbaum unsicher gemacht und die Touristen gingen auf Krokodil- und Vogeljagd. Natürlich nur mit der Kamera. Tatsächlich wurden zwei Krokodile und einige Vögel gesichtet. Als zweite Attraktion wurde das Baden mit Elefanten im Fluss angeboten. Hier durfte der Tourist auf den Rücken des Dickhäuters klettern. Der Elefantenführer gab dem Tier mit einem Hieb ein Zeichen, damit dieser Wasser über den Tourist spritzte. Ganz toll. Ich habe die Zeit dazu benutzt in der Sonne ein gemütliches Nickerchen zu machen.

Die dritte Attraktion wollte ich erst nicht mit machen. Aber wer es noch nie gemacht hat, kann sich auch kein Urteil erlauben. Also bin ich auf dem Rücken eines Elefanten ab in den Dschungel, um einen Tiger, ein indisches Panzernashorn, einen Bären oder sonstige Tiere mit dem Fotoapparat zu schießen. Viele

Tiere gab es leider nicht zu sehen. Aber wenigstens einen Bären habe ich gesehen. Leider ließ sich kein Tiger oder Nashorn blicken. Schade!

Mich hat am meisten beeindruckt, wie sanft und fast lautlos der Elefant durch das Unterholz des Waldes und die Graslandschaft geglitten ist. Wahnsinn! Der Elefantenführer schlug mit keiner Stange mit Hacken auf den Elefanten ein, sondern benutzte einen Stock und seine Füße zum Steuern. Ich muss zugeben, dass ich nicht weiß, ob der Elefant so richtig behandelt wurde und ob es richtig ist, solch ein Angebot wahrzunehmen. Ich denke, dass ein solcher Ritt einen trügerischen Eindruck hinterlässt, wenn die Tiere danach wieder an die Kette kommen und mit ihren Fußfesseln wenig Bewegung haben. Außerdem habe ich danach gelesen, dass die Gestelle auf dem Rücken des Elefanten sehr schmerzhaft für das Tier sein müssen. Ein zweites Mal werde ich so etwas nicht mehr machen.

Mein kleines Fazit zum Nationalpark Chitwan: Also ein „Must See" ist es nicht. Die Landschaft um den Fluss und den Wald ist sehr schön, allerdings findet man diese auch woanders und der Umgang mit den Elefanten kam mir persönlich nicht professionell vor.

Ankunft in Indien – neues Land, neue Erfahrungen

Zugfahrt von Gorakhpur nach Varanasi

Indien, endlich warst du erreicht! Und ich musste sagen: Es heißt nicht umsonst „Incredible India".

Um an die Grenze zu kommen, fuhr ich mit dem Bus in Nepal über die Stadt Lumbini, die die Geburtsstadt von Buddha sein soll. Von dort waren es noch circa 20 Kilometer bis an die Grenze Sunauli(Nepal) / Bhairahawa(Indien). Gut 17 Kilometer nahm mich ein Pickup mit, dann ging es die letzten Kilometer in sengender Hitze zu Fuß weiter.

Ich lief durch das Gate an der Grenze und konnte innerhalb von drei Schritten erkennen, dass ich in Indien war. Wenn es in Nepal noch sauber war, dann lag hier Zentimeter hoch der Müll auf der Straße. Ich drängelte mich an den Autos und Trucks vorbei, bis ich endlich ein paar Busse erkannte, die mich von der Grenze weg bringen würden. Ich erkundigte mich in einem Laden nach den Bussen und konnte dort sogar eine Bahnfahrkarte kaufen. Mein nächstes Ziel hieß Varanasi und da ich keinen Plan hatte, ging es mit dem Bus erst einmal nach Gorakhpur, um von dort aus mit dem Nachtzug nach Varanasi zu gelangen.

Im Bus merkte ich, dass mein Reiseakku immer leerer wurde. Ich war krank und hatte eine schwere Nebenhöhlenentzündung. Der Duft von verbranntem Plastik, Müll, Heu und weitere unangenehme Gerüche förderten nicht gerade, dass die Busfahrt angenehm wurde.

Nach gut drei Stunden kam ich in Gorakhpur an. Zum Glück hatte ich bereits an der Grenze ein Zugticket gekauft, sodass ich nur noch fünfeinhalb Stunden warten musste, bis mein Zug abfahren sollte. Die Stunden zogen sich wie Kaugummi und auch der Gedanke an die 1. Klasse konnte meine Stimmung nicht aufhellen.

Als der Zug endlich einfuhr, hatte er bereits über eine Stunde Verspätung. Ich lief den Bahnsteig zweimal komplett ab, fand jedoch meine Wagennummer nicht. Es spielten sich Dramen für mich ab, da die Inder sich in den Zug quetschten und in den Wagen schon jetzt kein Platz mehr war. Wo ist nur mein Wagen? Ein Inder fragte mich, was ich suchte und ich zeigte ihm mein Ticket. Er meinte, er würde im selben Wagen mitfahren und er könne mir den Wagen zeigen, wenn er mal kommen würde.

Die Auflösung war, dass zwei Wagen noch an den Zug angehängt wurden, was dann nach 40 Minuten auch geschah. Als sie endlich da waren, stiegen alle Leute in den linken Wagen ein und ich in den rechten. Ich fand auch mein Abteil „C" und die dazugehörige Holzpritsche und ließ mich nieder. Irgendwann in der Nacht stand jemand vor meiner Tür und wollte die Fahrkarte sehen und meinte nur, dass ich die Tür von innen abschließen sollte.

Gegen vier Uhr morgens suchte ich die Toilette auf, da mir ohne Decke sehr kalt war und ich davon aufwachte. Bei meinem Gang durch den Wagen stellte ich fest, dass ich diesen für mich komplett alleine hatte und die Türen nach außen verschlossen waren. Was ist das nur? Zwei Meter weiter stapelten sich die Fahrgäste bis unter das Dach und hier war ich ganz allein. Gegen halb sieben kam dann der nette Schaffner wieder in mein Abteil und fragte mich, woher ich käme. „Germany" war die Antwort und auf meine Frage, wann wir in Varanasi ankommen, meinte er, dass dies so gegen zehn Uhr sei. Wow, 231 Kilometer und bis jetzt schon vier Stunden Verspätung.

Gegen acht Uhr lief ich nochmals durch den Wagen und fand im letzten Abteil zwei Inder mit Gewehren, die scheinbar so etwas wie Sicherheitsleute sein sollten. Die Unterhaltung auf Indisch war schwer, aber wir saßen eine Weile zusammen und sie meinten, dass der Zug gegen zwölf Uhr ankäme. Irgendwann waren die zwei verschwunden und ich war wieder mit meinem Schaffner allein. Gegen 12.30 Uhr kam der Zug endlich in Varanasi an. Und dann begann der Stress mit den Fahrradrikschas. Indien, du schaffst mich …

Varanasi – Die Stadt des letzten Ganges

Nach Varanasi überführt man den guten und auch wohlhabenden Hindu nach seinem Tode. Hier am Ganges wird der Leichnam verbrannt und die Asche (oder auch das, was nicht verbrannt ist) dem Fluss übergeben. Dies soll verhindern, dass der Verstorbene nicht mehr wiedergeboren wird. Eine Wiedergeburt muss nämlich nicht als Mensch sein, sondern kann als jegliches Lebewesen erfolgen. Das möchten die Hindus gern verhindern.

Am Bahnhof traf ich ein paar Mitreisende, die mit mir ankamen. Zusammen wollten wir uns eine Fahrradrikscha nehmen und zum ältesten Ghat fahren. Die junge Frau, mit dem ich mir die Rikscha teilte, war schon mehrmals hier und kannte die Preise. Aber der Fahrer wollte diese nicht kennen und so begann eine einstündige Diskussion. Im Endeffekt ging es nur um 50 Eurocent, aber sie war der Meinung, dass diese 50 Cent zu viel seien. Irgendwann kam ein Polizist dazu, der uns mindestens eine halbe Stunde beobachtet hatte und fragte, was los sei. Nach einer kurzen Erklärung beider Seiten wurde der Rikschafahrer auf Indisch angewiesen, uns für den normalen Preis zu fahren.

Endlich ging es weiter. Meine Mitfahrerin hatte schon ein Zimmer gebucht und in ihrem Hostel war kein Platz mehr, sodass ich mich auf die Suche nach einer Bleibe machte. Wie das auf Reisen nun mal so ist, traf ich auf andere Traveler, diesmal aus Japan, mit denen ich mir ein Dreibettzimmer teilte.

Ich wohnte direkt am Manikarnika Ghat, einem der drei „Krematorien-Ghats" von Varanasi. Alle paar Minuten wurde unter dem Gesang der Angehörigen ein Leichnam durch die Gasse vor unserem Guesthouse getragen. Und das 24 Stunden am Tag. Durch die Luft schwebten Aschereste, die sich genauso wie jeder andere üble Geruch in meiner Nase absetzten. Nur selten roch es mal angenehm, nach einem Räucherstäbchen oder einem Curry. Was jedoch perfekt an meinem Guesthouse war: der wohl beste Lassy-Laden (Blue Lassy) war direkt um die Ecke. Hier tummelten sich zwar fast nur Touristen, aber der Yoghurt-Drink war einfach wunderbar!

Bestattungszerominie am Manikarnika Ghat

113

Abends ging ich mit den zwei Japanern runter zum Manikarnika Ghat und wir verfolgten eine Bestattungszeremonie. Ein Inder kam zu uns und erklärte uns ein wenig. Als erstes wies er darauf hin, dass wir auf keinen Fall die Verbrennungen fotografieren sollten. Dann erzählte er uns noch, dass circa 200 Kilogramm Holz benötigt werden, um einen Leichnam zu verbrennen.

Nach einer kurzen Zeit sprach uns eine armselige Gestalt an und fragte uns, ober wir Interesse hätten, mit dem Boot den Sonnenuntergang auf dem Ganges mitzuerleben. Für 50 Cent würde er uns eine Stunde über den Fluss fahren. Im Boot dachte ich dann daran, dass mir der Finger abfallen würde oder ich Gelbsucht bekäme, wenn ich jetzt in den Ganges fallen würde. Denn der Fluss ist nicht nur vom Müll dreckig. Es schwamm so gut wie alles darin herum. Irgendwo muss ja auch die Asche von den verbrannten Leichen hin. Leider ist auch hier das Geschäft mit dem Tod darauf gekommen, dass man Holz sparen und die Reste des Leichnams einfach so im Ganges loswerden könnte. Aber unser Bootsmann hatte irgendwann Durst und schöpfte das Wasser mit seinen Händen aus dem Ganges. Wir drei staunten nicht schlecht.

Wie so oft auf meiner Reise hatte ich wieder einmal Glück. Gerade war das Diwali-Festival, das mit unserem Weihnachten gleichzusetzen ist. Ich mischte mich am Nachbarghat unter die Einheimischen und wartete, was passieren würde. Die Zeremonie dauerte nicht lange und war nicht sehr spektakulär. Um was es dabei eigentlich ging, blieb mir verborgen. Mich wunderte nur, dass so viele Touristen extra deshalb anreisen.

Übrigens gab es keine richtigen Straßen, sondern nur schmale Gehwege hier. Das Labyrinth der Gassen war genauso verrückt wie das Land, aber zum Glück fand ich immer wieder den Weg zurück.

Delhi – Rückschläge und Entscheidungen in der Hauptstadt

Meine in Nepal eingefangene Erkältung brach hier in Delhi so richtig aus und ich fühlte mich, als ob mir jemand die Energie ausgesaugt hätte. Entscheidungen mussten getroffen werden und so wollte ich Indien abkürzen. Ich war noch nicht lange hier, aber bis jetzt hatte ich leider noch keine positiven Erlebnisse mit einem Inder gehabt. Jeder wollte nur eigenen Nutzen aus seiner Hilfe ziehen und das roch ich bereits Kilometer gegen den Wind.

Außerdem waren überall Polizei oder Militär zu sehen, mit den Gewehren im Anschlag. Selbst wenn ich nur zur U-Bahn lief oder gar ins „Red Fort" ging, sah ich direkt in einen Lauf, der auf vielen Sandsäcken lag. Diese Ereignisse ließen mich dann leicht eine Entscheidung treffen: Ich kürze einfach ab! So ging es bereits frühmorgens nach Mumbai, meine letzte Station in Indien, und dann sagte ich: „Goodbye! Sorry, aber vielleicht ein anderes Mal!"

Aber jetzt noch zu Delhi. Die Stadt kam mir im Vergleich mit dem, was ich bis dahin erlebt hatte, richtig sauber vor. Doch auch hier lag Smog über der Stadt und auf den zweiten Blick war auch der Müll nicht mehr zu übersehen. Ich brach hier für drei Nächte aus dem Backpackerleben aus und wohnte in einer sündhaft teuren Absteige, die das Geld meines Erachtens nicht wert war. Aber ich wollte über meinen Geburtstag mal was anderes sehen. Die Stadt erkundete ich soweit zu Fuß und besichtigte das „India Gate", „Humanyun's Tomb", „Safdarjang's Tomb" und das „Red Fort".

Humanyun's Tomb beeindruckte mich schon sehr und ich denke, dass das Taj Mahal bestimmt noch um einiges beeindruckender gewesen wäre. Das Safdarjang's Tomb war noch nicht renoviert und es gab dort kaum Besucher, aber schön war es dennoch. Das Red Fort enttäuschte mich dagegen sehr. Ich fand, dass es in einem schlechten Zustand und nicht besonders besucherfreundlich angelegt war. Ich buchte mir noch ein Flugticket nach Mumbai und nach drei Tagen Bettruhe ging es weiter.

Mumbai – mein Sprungbrett in den Westen

Keine Erholung in Sicht

Noch einmal musste ich sagen: „Indien, du schaffst mich!" Aber ich merkte einfach, dass ich zurzeit nicht reisetauglich war. Nach der Ankunft am Flughafen in Mumbai schleppte ich mich aus dem Terminal und dachte, dass ich irgendwo in der Nähe eine Unterkunft für eine Nacht bekommen würde. Ich lief bei 30 Grad dreieinhalb Stunden mit meinem Rucksack durch die Gegend und fand keine bezahlbare Unterkunft – Preise wie in Europa. Meine Erkältung fand das nicht besonders gut. Sie wurde immer schlimmer und mir ging es immer schlechter. Als ich dann endlich eine Unterkunft fand, merkte ich, dass mein Abflug früh um fünf Uhr am übernächsten Tag sein sollte. Somit beschloss ich, nur eine Nacht zu buchen, am nächsten Tag um zwölf Uhr aus zu checken und die restlichen Stunden am Flughafen zu verbringen. Ich weiß, dass das keinen Spaß macht, aber in Indien wurde es zur Höllenqual.

Kein Flieger für mich! Ich komme nicht raus aus Indien

17 Stunden wartete ich am Flughafen Mumbai, damit ich endlich weiter konnte. Dann kam die harte Wirklichkeit auf mich zu. Ein Reisender durfte erst maximal vier Stunden vor seinem Abflug das Terminal betreten. Dazu benötigte er seinen Reisepass und eine „ausgedruckte" Flugbestätigung. Reisepass war kein Problem, aber eine „ausgedruckte" Flugbestätigung hatte ich natürlich nicht. Warum auch? In Zeiten des Internets braucht es so etwas doch nicht mehr.

Als es endlich 3.30 Uhr morgens war und ich bereits 14 ½ Stunden gewartet hatte, zeigte ich meine „virtuelle" Flugbestätigung –mit richtigen Datum, Flugnummer und was dazu gehört – dem Militärmann mit seinem Gewehr am Eingang. „Nein, da kann ja jeder kommen. Die Flugbestätigung muss „ausgedruckt" sein." Was für ein Quatsch! Ich machte ihm klar, dass ich dies nicht konnte und nicht mehr von der Stelle weichen würde. Nach einer Viertelstunde tauchte eine junge Dame in Kleidung des Flugpersonals auf, die meinen Reisepass mitnahm und meinte, dass sie mir eine Boardkarte ausdrucken würde. So weit so gut – bis ihr Vorgesetzter kam.

Er erklärte mir, dass ich nicht gebucht sei und laut des Systems von Royal Jordan erst am 8.12. fliegen würde. Ich intervenierte und zeigte ihm meine „virtuelle" Flugbestätigung und dazu noch im Internet, dass ich sehr wohl gebucht sei. Aber das brachte nichts. Ich bin nicht gebucht. Der Militärmann rückte mir mit seinem Gewehr immer näher und nach zwei Stunden musste ich das Feld räumen. Ich kam nicht mit. So stand ich um sechs Uhr morgens am Flughafen von Mumbai, keine Rupie mehr in der Tasche und suchte erst einmal einem Geldautomaten. Mit Geld suchte ich dann ein Taxi, das mich zu einer Unterkunft bringen sollte, diesmal in der Stadt. Irgendwie musste ich in Indien mit dem falschen Fuß aufgetreten sein.

Meine Gedanken drehten sich in den nächsten Stunden darum, dass mich dieses Land nicht mag. Wir zwei kämen nicht mehr zusammen – zumindest nicht in den nächsten Tagen.

„Seitdem ich hier bin, will mich jeder ausnehmen wie eine Weihnachtsgans. Ich verstehe es nicht. Seit über einer Woche geht das jetzt schon so. Verrückt, und ich dachte, die wären netter. Was soll's, das Land und die Leute haben bei mir verschissen. Es gibt schönere Länder, die gastfreundlicher sind und nicht nur aus Kuhfladen bestehen."

Meine Erkältung hatte sich nach dem Stress auch nicht gebessert. Ich bezog mit vier Indern zusammen einen dreckigen Fünfer-Dorm. Die fanden es wohl gar nicht lustig, dass ich krank war. Als ich aus dem Internetcafé zurückkam, wurde ich von der Rezeptionsdame freundlich gefragt, ob sie mich in ein anderes Zimmer verlegen dürfe. Mir egal, konnte nur besser werden. Und das wurde es. Ich erhielt einen Fünfer-Dorm für mich allein, der sogar einen Duschkopf hatte. Aber leider kein warmes Wasser.

Zurück zum Flugticket. Im Internetcafé rief ich via Skype mein Reisebüro an. Danach chatteten wir, um uns auszutauschen. Ich erklärte der Dame, dass ich keinen Fehler gemacht hatte. Alle meine erhaltenen eTickets waren mit meinen gewünschten Daten gefüllt und dennoch war die Bestätigung wohl nicht bei der Airline eingegangen. Der Mitarbeiter von Royal Jordan teilte mir nämlich Folgendes mit: „Pax not accepted as the ticket has not been re-issued." Eine Umbuchung gestaltete sich schwieriger als gedacht, da die Dame meine Nachrichten scheinbar nicht komplett las, sondern einfach nur überflog. Zu guter Letzt meinte sie, dass ich etwas falsch gesagt hätte und deshalb seien die eTickets richtig, allerdings mit anderen Flugdaten.

Nach dem dritten Mal gab es dann Tacheles via Skype. Ich hatte alle Beweise vorab gesichert, Screenshots gemacht und PDFs aus meiner Buchung erzeugt. Und nun sollte ich der Depp gewesen sein! Das war zu viel des Guten. Sie buchte meine Tickets dann auf den nächsten Flug von Mumbai nach Amman in drei

Tagen um. Ich fragte noch einmal nach, ob die Airline dies nun auch bestätigt hätte und bekam ein Ja signalisiert. Hoffentlich, denn noch so ein Ding und mir verginge die Lust am Fliegen.

Aus diesem Grund war ich noch zwangsweise zweieinhalb Tage in Mumbai gefangen, bevor es weiter ging. Es konnte nur noch besser werden!

Mumbai – Die Zweite

Meine Erkältung machte mir schwer zu schaffen und ich nutzte meinen Antibiotikavorrat, um eine Linderung zu erreichen. Zweieinhalb Tage hatte ich nun. Den ersten Tag verschlief ich, nachdem ich mein Ticketchaos beseitigt hatte. Ich merkte, dass ich Ruhe nötig hatte. Am nächsten Tag ging es mir besser und ich machte mich zu Fuß auf den Weg. Ich war begeistert von den alten Kolonialbauten und besonders gefielen mir der Bahnhof und das Rathaus, die beide nur wenige Minuten von meiner Unterkunft entfernt waren. Diesmal suchte ich mir auch noch einen Copyshop, um mein Ticket auszudrucken und am nächsten Morgen keine Probleme am Flughafen zu haben.

Rathaus von Mumbai

Jordanien – der letzte Stopp einer langen Reise

Amman – eine Hauptstadt ohne Flair und Sightseeings

Nun war ich also in Jordanien. Der Weg vom Airport in die Stadt war recht einfach. Es gab einen Shuttle-Bus bis in die Nähe der Innenstadt. Von dort aus ging es dann mit dem Taxi weiter. Während ich im Bus saß, genoss ich die Fahrt. Erst flaches trockenes Land und als dann die Straße durch den Westen von Amman führte, dachte ich: „Wow, hier stehen aber schöne große Villen." Der westliche Teil von Amman war der reiche Teil der Millionenstadt. Mein erster Eindruck war, dass die Stadt hell und freundlich war. Die meisten Häuser waren mit hellen Steinen verkleidet. Der Taxifahrer fuhr mich bis in die Altstadt und ich suchte mir eine Unterkunft. Leider fand ich nur eine, die mit 15 Dollar recht teuer war und dazu eine verschimmelte Wand hatte. Ich blieb zwei Nächte dort.

In gut 45 Minuten hatte ich fast alles abgelaufen, was halbwegs interessant war: die Al-Husseini-Moschee und das römische Theater. Das Interessanteste war allerdings die Zitadelle über der Stadt, die ich dann zu Fuß erklomm. Tagsüber war es noch warm, aber abends wurde es Ende November schon recht kühl. Von der Zitadelle hatte man eine schöne Aussicht über Amman, was für mich das Highlight des Tages war.

Es gab noch ein historisches Automuseum der Königsfamilie, das ich mir aber nicht angesehen habe. Viel mehr war nicht zu unternehmen. Und ganz ehrlich, ich vermisste Straßencafés und dergleichen, die ich hier eigentlich erwartet hatte. Sehr schade, aber Amman dient scheinbar wirklich nur als Sprungbrett, um nach Petra und zu den anderen Sehenswürdigkeiten des Landes zu kommen. Am zweiten Tag hatte ich vor, einen Tagesausflug nach Jerash zu machen. Dazu organisierte ich mir einen Fahrer und fand in meiner Unterkunft noch ein Pärchen aus Neuseeland, die den Ausflug mitmachen wollten. Somit wurde dieser Tag nicht nur billiger, sondern auch unterhaltsamer für mich.

Nachts halten mich meine Gedanken wach

Seit einigen Tagen wachte ich nachts auf und in meinem Kopf ging es hoch her. Gedanken über Gedanken wechselten schnell hin und her und ich konnte nicht mehr einschlafen. Meine Reise neigte sich dem Ende zu und so langsam wurde wohl auch meinem Unterbewusstsein klar, dass diese Zeit nicht so schnell wieder kommen würde. Ich machte mir keine Gedanken über die Zukunft, keine

Gedanken über meine Arbeit oder gar irgendwelche negative Gedanken. Nein, es war völlig anders.

In dieser Nacht wachte ich um kurz vor vier auf, mein Kopf voll mit Gedankenzügen von meiner Reise. Gedanken über Situationen, netten Menschen, Landschaften, Plätze – einfach eine ganz kurze Zeitreise. Sie sprudelten durch meinen Kopf, dabei wechselten Länder und Kontinente, Tage und Monate im Sekundentakt. Aber dennoch lag ich im Bett und hatte das Gefühl unendlicher Glückseligkeit.

Irgendwann musste ich meine Reise verarbeiten und das machte so richtig Spaß. Die Situationen, die mir dabei ins Gedächtnis kamen, waren absolut real. Ich hatte dabei das Gefühl, als ob ich all dies gerade noch einmal erleben würde. Ich roch den Duft, fühlte das Meer und den Sand, schmeckte die Frucht oder den frischen Saft – es war unbeschreiblich, aber einfach wunderbar. Nach dreieinhalb Stunden fiel ich dann wieder in wohlverdienten Schlaf zurück mit dem Gefühl einer großen Zufriedenheit. Ich hoffte, dass dieses Gefühl noch lange anhalten würde und ich noch oft wieder in den Gedankenstrudel versinken könne.

Jerash – Eine Handelsstadt unter römischer Herrschaft

Am nächsten Morgen warteten wir, das neuseeländische Pärchen und ich, schon auf unseren Fahrer, der uns pünktlich abholte. Wir fuhren mit dem Auto circa 50 Kilometer nach Jerash und waren gespannt, was uns erwartete. Der Ausflug an diesem Freitag kam gerade recht, um Amman zu verlassen. Am Freitag zuvor kam es nach dem Gebet zu Demonstrationen, da die Preise für Gas und Benzin um 30-50 % angehoben wurden. Leider gab es damals auch einen Toten.

Jerash wurde bereits circa 6000 Jahre vor Christus erwähnt, jedoch erlangte es erst unter römischem Frieden im 1. Jahrhundert seinen Höhepunkt. Die jetzigen Ruinen wurden liebevoll restauriert und waren fast alle in einem sehr guten Zustand. Das Areal war richtig groß und unser Besuch dauerte circa drei Stunden. Wunderschön waren die zwei Amphitheater und vor allem der Ausblick von den obersten Rängen.

Amphitheater Jerash

Nach Jerash fuhren wir dann noch weiter nach Ajlun. Dort stand eine schöne Festung, die auch sehr sorgfältig restauriert wurde. Viele Besucher verschlug es zu dieser Zeit nicht dorthin, auch in Jerash waren es nur zwei oder drei kleine Reisegruppen gewesen. Alles in allem war es ein schöner Tagesausflug, auch wenn es zwischendurch regnete. Übrigens gab es dann in Amman keine Demos oder Ausschreitungen. Scheinbar hatten sich die Jordanier mit den Preiserhöhungen abgefunden.

Amazing finish – Petra, die Felsenstadt

Wow, was für ein Highlight auf der Zielgeraden! In Amman kaufte ich mir ein Busticket der Busgesellschaft Jett und fuhr damit nach Wadi Musa. Wadi Musa ist die Stadt, die vor den Türen Petras liegt.

So gut wie jeder kennt die Szene aus Indiana Jones, in der Harrison Ford vor dem Schatzhaus vorreitet. Leider wusste ich nicht, wie groß das Areal ist. Ich hatte mir einen 2-Tages-Pass gekauft und dazu noch ein Ticket für „Petra by night". Der Eintritt war teuer, aber es hat sich gelohnt. Ich nehme es mal vorweg: Ich hätte mir einen 3-Tages-Pass kaufen sollen.

Es ist praktisch unmöglich, Petra an einem Tag zu entdecken. Allein vom Eingang bis zum Schatzhaus lief ich eine gute halbe Stunde. Ich traf eine Reisegruppe aus Deutschland, die mir erzählten, dass sie nur fünf Stunden Zeit hätten, bis sie wieder am Bus sein müssten. Es war schon traurig, dass sie die Schönheit nicht richtig sehen konnten.

Der Weg führte mich als erstes durch eine Schlucht. Dann erreichte ich das Schatzhaus und es war überwältigend. Ich stand dort und konnte den Blick nicht von dem Gebäude lassen. Das Ganze ist auf einem riesigen Areal verteilt, das einmal die Handelsstadt Petra war. Hier gab es noch viel mehr zu sehen: Gräber,

Höhlen, ein Kloster und viele andere Gebäude und Plätze. Sogar ein Amphitheater gab es. Petra war eine Felsenstadt und so durfte der Besucher „Höhenmeter" machen. Es gab viele Wege, die auf die Felsen führten, von denen man eine atemberaubende Aussicht hatte. An den meisten Aufstiegen standen Einheimische mit dem Angebot, die Touristen auf einem Esel nach oben zu bringen. Ich sah das Ganze sportlich und genoss den Aufstieg.

Meinen Lieblingsplatz hatte ich durch Zufall und Erkundungslust gefunden. Dieser Pfad mit seiner Aussicht sollte wohl auch keine Besucher finden, da dort nicht viel Platz war und es steil bergab ging. Jedoch kann jeder auf der Welt von diesem Punkt aus die „Schatzkammer" sehen, da dort die Webcam installiert ist.

Aussicht von oben auf die Schatzkammer

Mein Tipp zu Petra

Wegbeschreibung zur Aussicht von oben auf die „Schatzkammer": Einfach den „Al-Khubtha Trail" bis zum Ende laufen. Dort zeigt ein Pfeil nach rechts zum „Viewing Point over Petra City". An dem Schild links weiter laufen bis zu einer unbewohnten Hütte. An der Hütte rechts vorbei und immer abwärts laufen, so circa 200 Meter. Der Weg ist jetzt mit Steinen an der Seite markiert. Diesem noch einmal circa 400 Meter folgen. Am Ende kommt wieder eine kleine Hütte, die man über die Felsen erreicht und dort ist man am Ziel. Wer keine Angst vor der Höhe hat, kann noch weiter bis zur Webcam klettern. Dort aber schön vorsichtig sein, hier geht's steil bergab.

An diesem Platz verbrachte ich jeden Tag eine Stunde und sah dem gehetzten Treiben unten vor der Schatzkammer zu, während ich entweder mit den drei jungen Beduinen, die dort lebten, einen Tee trank oder meinen mitgebrachten Lunch genoss.

Am letzten Abend fand noch „Petra by night" statt. Es war mystisch schön bei Kerzenlicht bis zur „Schatzkammer" zu laufen. Dort wurde traditionelle Musik gespielt und dann noch etwas über die Geschichte von Petra erzählt. Es war faszinierend, bei Mondschein die Felsen und die Schatzkammer zu genießen. Ich denke sogar, dass ich dort locker drei Tage verbracht hätte, ohne dass es mir langweilig geworden wäre.

Wadi Rum – Auf den Spuren von Lawrence von Arabien

Von Petra aus war es mit dem Bus nur ein Katzensprung nach Wadi Rum. Wadi Rum ist das größte Wadi in Jordanien und die Wüste mit ihren Sandstein- und Granitformationen war wirklich sehenswert. Interessant ist, dass im Winter der Regen vom Sandstein aufgenommen wird, durch den Granit darunter jedoch nicht versickern kann. Daher tritt das Wasser an einigen Stellen als kleine Quelle wieder aus. Aus diesem Grund war die Wüste schon seit der Steinzeit bewohnt und diente später als Handelsroute für die Kamelkarawanen. Dies kann der Besucher eindrucksvoll an den Felszeichnungen sehen.

Heutzutage gibt es zwar keine Kamelkarawanen mehr, in der Hochsaison dafür Touristenkarawanen. Es war jedoch „low season" und so war kaum jemand hier. Ich fuhr mit einem Jeep durch die Wüste und passierte einige Punkte, wie zum Beispiel „Lawrence Spring" oder „Lawrence House" und sah wunderbare Landschaften. Die Nacht in der Wüste war kalt, aber ich genoss die absolute Stille.

Wadi Rum Sonnenuntergang mit Mond

Dead Sea – Ein untergehen ist nicht möglich

Einen Tagesausflug von Amman entfernt liegt das Tote Meer. Also auf zum letzten Gefecht und rein ins Salzwasser – oder eher in die Salzlauge. Ich dachte, dass die Stadt Madaba direkt am Toten Meer liegen würde, aber das war weit gefehlt. Nachdem ich dort mit einem Local-Bus ankam, bekam ich die Route richtig erklärt. Von Amman hätte ich bis zur „Naur Bridge" fahren, dort aussteigen und den Autobahnzubringer zur Straße nach „Suima" laufen sollen.

Von diesem Punkt aus hätte ich einen Bus oder ein Auto auf der Schnellstraße anhalten und weiter nach „Suima" fahren sollen. In „Suima" dann einen Bus oder ein Taxi bis zum „Amman Beach" nehmen. Gesagt, getan. Ich fuhr wieder zurück bis zur Naur Bridge, um mich bis zum Toten Meer durchzukämpfen. Aber wie immer im Leben: Oft geht es viel, viel einfacher! Das durfte ich bei der Rückreise lernen.

Der einfache Weg ging dann so: mit dem Local-Bus von der Busstation „Amman City Hall" bis zur „Rama Busstation", von dort aus ein Sammeltaxi (Privatwagen) bis zum „Amman Beach" nehmen. Dauerte eine gute Stunde und ich hatte für meinen umständlichen Weg drei Stunden gebraucht.

Dort am Toten Meer gab es nichts, nur Hotelanlagen der Preisklasse Hilton, Holiday Inn und Co. Der Amman Beach war eine Anlage mit Duschen und einem sehr schönen Pool, Liegestühlen und natürlich einem Stück Strand. Das Schwimmen im Toten Meer war wirklich lustig. Ich fühlte mich wie ein Luftballon, der immer wieder an die Wasseroberfläche gedrückt wird. Nach circa zehn Minuten brannte die „Salzlauge" allerdings auf der Haut und so war es Zeit, das Wasser zu verlassen. Nach einem schönen Sonnenbad – das letzte für dieses Jahr – ging es unter die Dusche, bevor ich mich auf dem Rückweg nach Amman machte.

Zurück Richtung Heimat

Es ist vorbei, mein Jahr

Es war soweit! Meine Reise neigte sich dem Ende zu. Ich saß im Flugzeug Richtung Frankfurt und würde bestimmt bald freudige Gesichter sehen. Ich freute mich schon. Knapp ein Jahr war vergangen, seit ich in Frankfurt gestartet war. Ich konnte mich noch genau an meine Gefühle von damals erinnern. Die Hosen hatte ich nicht voll gehabt, aber Respekt vor dem, was kommen sollte.

Irgendwie erschien mir das Jahr plötzlich so kurz, aber gleichzeitig freute ich mich auf meine Heimat! Für mich war das kein Widerspruch, denn ich wusste nun umso mehr, was mir wichtig war. Reisen war einfach klasse und ich möchte keinen einzelnen Tag dieses wundervollen Jahres missen, aber ich brauche auch ein Zuhause. Am Anfang war es noch aufregend, jeden Tag den Rucksack zu packen, auf Unterkunftssuche zu gehen oder einfach nur ein neues Essen auszuprobieren. Nach ein paar Wochen änderte sich dies, als ich merkte, dass es für mich ein gewisser Alltag wurde. Verständlicherweise war dieser Alltag sehr abwechslungsreich, aber auch anstrengend. Es gab Rückschläge, wie zum Beispiel Krankheitstage, an denen ich allein bei 40 Grad im Zimmer lag und genauso viel Fieber hatte. An diesem Tag wünschte ich mir, zu Hause zu sein.

Jedoch gab es 10.000 Momente mehr, die mich meine Freiheit spüren ließen und die ich einfach sehr genossen habe. Es war schön, einmal ohne Druck in den Tag zu leben, aufzustehen, wann ich wollte und meine Pläne über den Haufen zu werfen. Ich traf so viele nette Menschen, von denen ich hoffentlich noch den einen oder anderen wiedersehen werde. Es war schön zu erkennen, dass die Menschen, auch wenn sie noch so arm sind, einem weiterhelfen, ohne dafür etwas zu verlangen. Die Menschen sind nicht schlecht, aber das erkennt der Reisende nur, wenn er offen auf sie zugeht.

Ich sagte schon immer: „Reisen macht süchtig!" Und das stimmt! Jedoch muss ich nicht alle paar Jahre eine Langzeitreise machen, um diese Sucht zu stillen. Kurze Reisen aus dem Alltag sind auch etwas Schönes! In ein paar Stunden würde ich eine neue Reise in mein altes Leben starten und den „Reisealltag" verlassen. Ich war gespannt, was mir diese Reise bringen wird.

Die gute Luft der Heimat – Ein herzlicher Empfang

Nachdem ich in Amman zum letzten Mal das Prozedere des Check-in samt Sicherheitsgefummel hinter mir hatte, stieg ich viereinhalb Stunden später in Frankfurt aus dem Flieger. Die kalte frische Luft zog in meine Nase und ich roch die Heimat. Ich erinnerte mich kurz daran wie meine erste Station Rio roch. Ich lief die Gangway hoch und schon begrüßten mich zwei nette Polizisten der Bundespolizei mit „Willkommen". Als Erster stand ich an der Einreise und zwei Sekunden später ging das Gepäckband an, das meinen Rucksack als achtes Gepäckstück ausspuckte.

Der kurze Weg führte mich noch durch das grüne „nichts zu verzollen" Tor, bevor meine Familie und meine besten Freunde auf mich warteten. Die Freude meiner Eltern war riesig und bevor ich mich umsah, streifte mir mein bester Kumpel Olaf das T-Shirt „iGude" über und schenkte mir den ersten Äbbelwoi ein. Ein wahnsinniger Empfang und eine Freude meine Freunde wiederzusehen. Wer Zeit hatte, kam nach dem Flughafen noch mit zu mir in den Partykeller zum Handkäs essen und Äbbelwoi trinken, denn es gab viel zu erzählen.

Bildnachweis

Die Bilder innerhalb dieses Buches stammen von

Jens Lüdicke und

MapQuest 2015, OpenStreetMap and contributors, ODdL.